contents

표지이야기
귀엽고 듬직한 곰돌이 파티셰가 컵케이크 쟁반을 내밀고 있어요. 왼쪽 컵케이크는 블루베리가 1개, 가운데에는 3개, 오른쪽에는 6개…. 어떤 규칙에 따라서 장식을 올린 걸까요? 달콤하고 고소한 냄새가 가득한 '빵규네 빵집'으로 오세요!

10

 규칙대로 척! 척! 빵규네 빵집

40

 마법은 펭귄도 춤추게 한다?!

숫자로 보는 뉴스

06 붉은색 피부에 흰 점이 콕콕, 똥 무늬로 살아남는 개구리?!

수학 개념 완전정복!

- **04** 수학 교과 단원맵
- **08** 어수티콘
  수열
- **16** 수콤달콤 연구소
  꼭꼭 숨어 있는 알쏭달쏭 규칙을 찾아라!
- **20** 꿀꺽! 생활 속 수학 한 입
  요술 같은 규칙! 알람브라 궁전의 비밀
- **44** 수학 궁금증 해결! 출동, 슈퍼M
  뜨개질을 잘하는 방법이 있나요?
- **74** 꿀꺽! 생활 속 수학 두 입
  꼬마 삼각김밥의 꿈, 난 도형수로 커질래~!
- **78** 똥손 수학체험실
  폭신폭신해! 나비 스퀴시
- **82** 수학 플레이리스트

진짜 재밌는 수학만화

- **24** 요리왕 구단지
  떡볶이 vs 떡볶이
- **32** 수리국 신한지의 비밀
  진정한 승자는 누구인가!
- **48** 헬로 매스 지옥 선수촌
  부활한 캣츠, 그러나…
- **56** 인공지능 로봇 마이보2
  마지막 결투
- **66** 놀러와! 도토리 슈퍼
  가짜의 정체
- **84** 우당탕탕 수학 과몰입러
  마감의 규칙

수학 교과 단원맵

23호 규칙성 규칙 찾기

이번 호 <어린이수학동아>가 초등 수학 교과의 어느 단원과 연결되는지 확인해 보세요. 어수동을 재밌게 읽는 동안 수학의 기초가 튼튼해져요!

	1학년 1학기	1학년 2학기	2학년 1학기	2학년 2학기	3학년 1학기	3학년 2학기	4학년 1학기	4학년 2학기	5학년 1학기	5학년 2학기	6학년 1학기	6학년 2학기
수와 연산	9까지의 수	100까지의 수	세 자리 수	네 자리 수	덧셈과 뺄셈	곱셈	큰 수	분수의 덧셈과 뺄셈	자연수의 혼합 계산	분수의 곱셈	분수의 나눗셈	분수의 나눗셈
	덧셈과 뺄셈	덧셈과 뺄셈①	덧셈과 뺄셈	곱셈구구	나눗셈	나눗셈	곱셈과 나눗셈	소수의 덧셈과 뺄셈	약수와 배수	소수의 곱셈	소수의 나눗셈	소수의 나눗셈
	50까지의 수	덧셈과 뺄셈②	곱셈		곱셈	분수			약분과 통분			
		덧셈과 뺄셈③			분수와 소수				분수의 덧셈과 뺄셈			
규칙성			규칙 찾기				규칙 찾기		규칙과 대응		비와 비율	비례식과 비례배분
												여러 가지 그래프
도형	여러 가지 모양	여러 가지 모양	여러 가지 도형		평면도형	원	각도	삼각형	다각형의 둘레와 넓이	합동과 대칭	각기둥과 각뿔	공간과 입체
							평면도형의 이동	사각형		직육면체	직육면체의 부피와 겉넓이	원의 넓이
								다각형				원기둥, 원뿔, 구
측정	비교하기	시계 보기와 규칙 찾기	길이 재기	길이 재기	길이와 시간	들이와 무게			수의 범위와 어림하기			
				시각과 시간								
자료와 가능성			분류하기	표와 그래프		자료의 정리	막대 그래프	꺾은선 그래프		평균과 가능성		

교과서랑 같이 봐요! | 함께 생각해 봐요!

이야기로 술술! 어수잼
규칙대로 척! 척! 빵규네 빵집

| 2-2 규칙찾기 | ▶덧셈표에서 규칙을 찾아볼까요
▶곱셈표에서 규칙을 찾아볼까요
▶무늬에서 규칙을 찾아볼까요 |
| 4-1 규칙찾기 | ▶수의 배열에서 규칙을 찾아볼까요 |

10p

- ✓ 아침에 일어난 후 또는 학교에 다녀와서 항상 하는 일들이 있나요? 일주일마다, 한 달마다 하는 일은요? 일상 속 나만의 규칙을 이야기해 보세요.
- ✓ 우리 집의 주소는 무엇인가요? 집의 위치를 나타내는 주소는 어떤 규칙에 따라 정할까요?

꿀잼! 생활 속 수학한입
요술 같은 규칙! 알람브라 궁전의 비밀

| 2-2 규칙찾기 | ▶무늬에서 규칙을 찾아볼까요 |
| 4-1 규칙찾기 | ▶도형의 배열에서 규칙을 찾아볼까요 |

20p

- ✓ 여러분은 어떤 무늬를 좋아하나요? 줄무늬, 물방울무늬, 체크무늬, 꽃무늬…. 옷이나 가방, 이불 등 주변에서 무늬가 있는 것을 찾아 어떤 규칙이 숨어 있는지 관찰해 보세요.

수학 궁금증 해결! 출동, 슈퍼M
뜨개질을 잘하는 방법이 있나요?

| 2-2 규칙찾기 | ▶무늬에서 규칙을 찾아볼까요 |
| 5-1 규칙과 대응 | ▶대응 관계를 식으로 나타내는 방법을 알아볼까요
▶생활 속에서 대응 관계를 찾아 식으로 나타내어 볼까요 |

44p

- ✓ 십자수 실, 뜨개실, 가죽끈 등을 규칙적으로 엮어서 멋진 팔찌를 만들 수 있어요. 직접 만들어서 가족이나 친구에게 선물해봐요.
- ✓ 뜨개질에서 겉뜨기는 │로, 안뜨기는 ─로 기호를 써서 나타내요. 복잡한 규칙을 간단히 나타내는 나만의 기호를 만들어봐요.

꿀잼! 생활 속 수학두입
꼬마 삼각김밥의 꿈, 난 도형수로 커질래~!

| 2-2 규칙찾기 | ▶쌓은 모양에서 규칙을 찾아볼까요 |
| 4-1 규칙찾기 | ▶수의 배열에는 어떤 규칙이 있을까요
▶계산식에서 규칙을 찾아볼까요 |

74p

- ✓ 삼각수, 사각수처럼 만약 하트수, 꽃수, 별수가 있다면 어떤 규칙으로 이뤄져 있을까요?
- ✓ 많은 수학자는 수의 규칙을 찾는 일을 좋아하지요. 우박수, 택시수처럼 재밌는 이름의 수도 있어요. 우리도 재밌는 수의 규칙을 찾아서, 내 이름을 붙인 '○○수'를 만들어봐요.

숫자로 보는 뉴스

글 이다은 기자(dana@donga.com)　디자인 오진희　사진 Schönbrunn Zoo/Samantha Cloer

붉은색 피부에 흰 점이 콕콕
똥 무늬로 살아남는 개구리?!

개구리의 한 종류인 월리스날개구리는 동물의 똥과 같은 무늬로 위장★해 포식자★를 피한다는 사실이 밝혀졌어요.

　독특한 발을 사용해 나무 사이를 날아다니는 월리스날개구리는 자라면서 몸의 무늬와 색깔이 달라지는 것이 특징이에요. 어린 개구리일 때는 붉은색 피부에 아무런 무늬가 없지만, 1개월이 지나면 붉은색 피부에 흰색 반점들이 여러 개 생겨나요. 1년 후 완전히 성장하면 독특한 반점 무늬와 붉은 피부는 사라지고 매끈한 초록색을 띠게 되지요.

개굴 개굴

용어 설명
위장★ 자기 몸의 형태나 색을 꾸며서 적을 속이고 몸을 숨기는 것을 말해요.
포식자★ 다른 동물을 잡아먹는 동물이에요.

#규칙성 #규칙_찾기 #동물 #무늬

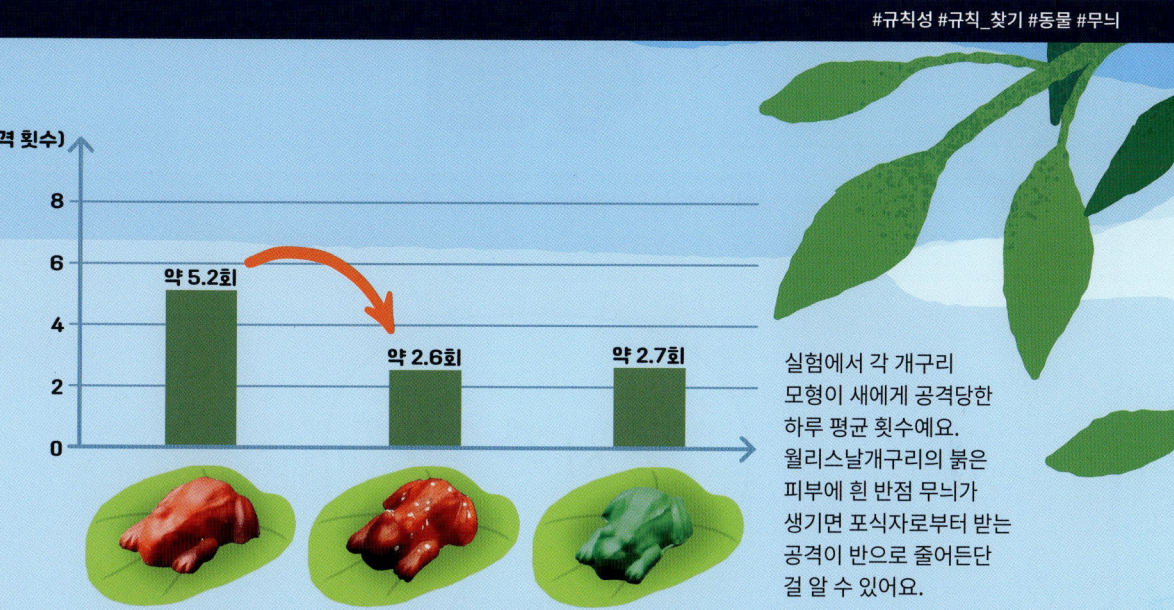

실험에서 각 개구리 모형이 새에게 공격당한 하루 평균 횟수예요. 월리스날개구리의 붉은 피부에 흰 반점 무늬가 생기면 포식자로부터 받는 공격이 반으로 줄어든단 걸 알 수 있어요.

오스트리아 빈 대학교와 미국 브라운 대학교 공동 연구팀은 개구리의 피부 무늬에 따라 포식자인 새들이 어떻게 반응하는지 실험했어요. 무늬가 없는 붉은색, 흰 반점이 있는 붉은색, 초록색 개구리 모형을 각각 나뭇잎에 두고, 새들이 어떤 개구리 모형을 가장 많이 공격하는지 알아봤지요.

실험 결과, 붉은색 개구리 모형은 초록색 모형보다 약 2배 더 자주 공격받았어요. 그러나 붉은색 피부에 흰 반점 무늬가 있는 경우에는 새들의 공격이 절반으로 줄었지요.

연구팀은 "어린 월리스날개구리는 독특한 반점 무늬 때문에 새나 박쥐 등의 똥처럼 보여요. 포식자는 무늬가 있는 월리스날개구리를 먹을 수 없는 것으로 생각하고 덜 공격했을 거예요"라고 말했어요. ⓜ

월리스날개구리는 동남아시아 지역에 주로 살아요. 붉은색 피부에 흰 반점 무늬가 있다가 1년 후 초록색 개구리로 자라나지요.

Susanne Stückler

어수티콘 사전
어린이 수학 이모티콘 사전

수열

줄 서 **수열!**

1 1 2 3 5

숫자 1, 1, 2, 3, 5가 나란히 줄 서 있어요. 제가 숫자들 사이에 서려고 하니, 한 숫자가 "줄 서 수열!"이라고 외치는데…. 나란히 선 숫자들이 꼭 지켜야 하는 규칙이라도 있는 걸까요?

글 조현영 기자(4everyoung@donga.com) 일러스트 밤곰
#수학용어 #수학개념 #이모티콘 #수열

규칙에 따라 줄을 선다!

 어수동: '수열'은 '줄'이라는 의미인가요?

> 정확히는 '어떤 규칙에 해당하는 수를 순서대로 나열한 것'을 말해요. 그 모습이 꼭 줄 세우기를 한 것 같아서, 한자로 계산할 수(數) 자와 줄 열(列) 자를 써 이름 붙였지요.

 어수동: 그럼, 나란히 서 있는 숫자 1, 1, 2, 3, 5도 수열인가요?

> 맞아요. 숫자 1, 1, 2, 3, 5, …는 1200년대 이탈리아의 수학자 레오나르도 피보나치가 처음 소개해 유명해진 수열이에요. 그의 이름을 따 '피보나치 수열'이라고도 불리지요.

레오나르도 피보나치

 어수동: 피보나치 수열에는 어떤 규칙이 있나요?

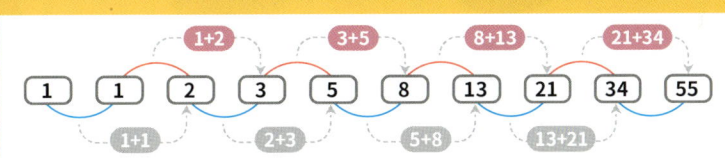

> 피보나치 수열은 앞의 두 수를 더했을 때 바로 뒤의 수가 된다는 규칙을 가지고 있어요. 1, 1, 2, 3, 5 다음에는 8, 13, 21, 34, 55, …로 계속 이어지지요. 55 다음에는 어떤 수가 올지 여러분이 직접 계산해 봐요!

독자들의 3행시와 2행시를 소개합니다!

가 가장 좋은 집을
짓 짓자. 그러려면 〈어수동〉을 보고
수 수학을 잘해야 한다.

김희정(plusplus0507)

분 분모가 분자에게 말했다.
류 류머티즘 관절염에 걸렸어!
네가 너무 무거워~!

최민희(s0133s)

나만의 수학 용어 이모티콘과 3행시를 만들어 주세요!

글 이다은 기자(dana@donga.com) 디자인 오진희 일러스트 최현주
#규칙성 #규칙_찾기 #배열

"아침 8시, 영업 시작!"
 빵규 아저씨는 오늘도 정해진 시간에 숲속 빵집을 열었어요. 먹음직스러운 빵들이 척척 배열된 빵규네 빵집은 언제나 규칙적인 게 인기 비결이거든요!
 "오늘부터 갓 구운 도토리 쿠키와 도토리 파운드케이크 배달 됩니다곰!"
 소식을 들은 손님들은 너도나도 주문하기 시작했어요.

주문 접수! 먼저, 반죽에 필요한 도토리 개수를 구하기 위해 조수 다람쥐가 덧셈표와 곱셈표를 꺼내왔어요. 세로줄 맨 왼쪽의 수와 가로줄 맨 위의 수를 서로 더하거나 곱해서, 각 줄이 만나는 칸에 값을 적으면 표가 완성돼요. 하지만 표에 숨은 규칙들을 찾는다면 일일이 계산하지 않아도 금세 답을 알 수 있지요!

반죽 하나당 필요한 도토리 개수
쿠키 : 🌰🌰🌰
파운드케이크 : 🌰🌰🌰🌰🌰

주문 받은 개수는?

덧셈표

+	1	2	3	4	5	6
1	2	3	4	5	6	7
2	3	4	5	6	7	8
3	4	5	6	7	8	
4	5	6	7	8	9	10
5	6	7	8	9	10	11
6	7	8	9	10	11	12

쿠키 / 파운드케이크

규칙
★ 세로줄에서 아래로 갈수록 1씩 커져요.
★ 가로줄에서 오른쪽으로 갈수록 1씩 커져요.
★ ↘방향으로 갈수록 2씩 커져요.

=> 쿠키는 총 ☐개, 파운드케이크는 총 7개!

필요한 도토리 개수는?

곱셈표

×	1	2	3	4	5	6
1	1	2	3	4	5	6
3	3	6	9	12	15	18
5	5	10	15	20	25	30
7	7	14	21	28	35	42
9	9	18		36	45	54
11	11	22	33	44	55	66

파운드케이크용 도토리 / 쿠키용 도토리

규칙
★ 각 세로줄에서 아래로 갈수록 일정한 수만큼 커져요. 3으로 시작하는 세로줄은 6씩 커지고 있어요.
★ 각 가로줄에서 오른쪽으로 갈수록 일정한 수만큼 커져요. 7로 시작하는 가로줄은 7씩 커지고 있어요.

=> 쿠키용 도토리 ☐개, 파운드케이크용 도토리 28개!

도토리 준비 완료! 어서 쿠키와 파운드케이크를 장식하러 가자곰!

포장을 마친 다람이가 손님들의 주소가 적힌 아파트 배치도를 찾았는데…, 이런!

"아파트 배치도가 찢어져서 토끼와 호랑이네 주소가 안 보여요!"

그러자 빵규 아저씨는 웃으며 대답했어요.

"하하! 수 배열표에 숨은 규칙을 찾는다면 사라진 숫자 찾기는 금방이라곰~!"

다람이를 도와 아파트 배치표의 규칙을 찾아주세요!

"휴, 배달 첫날이라 그런지 정신이 하나도 없곰."
빵규 아저씨가 한숨 돌리려는 찰나, '지이잉….' 손님이 요청한 특제 케이크 주문서가 나왔어요. 그런데 케이크 주문서가 알쏭달쏭 퀴즈로 쓰여 있어요. 규칙적인 도형 배열을 좋아하는 꿀벌의 주문인가 봐요!

"여덟째에 올 도형대로 케이크 윗면을 장식해 주세요!"

규칙을 찾은 뒤 일곱째에 배열될 도형을 먼저 그려보세요. 한 번 더 규칙을 적용하면, 여덟째에 올 도형도 완성!

가운데 갈색 사각형을 중심으로 노란색 사각형이 시계방향으로 1개씩 늘다가, 다섯째부터는 대각선 방향의 초록색 사각형 2개가 시계 반대 방향으로 늘어나고 있어요.

"여덟째에 올 도형도 문제없곰!"
규칙을 알아낸 빵규 아저씨가 빵긋 웃으며 알록달록 생크림을 칠하려는데…. 어라, 어느덧 12시네요! 빵규 아저씨의 규칙대로라면 지금은 점심시간이에요.
"다람이에게 맡겨야 하겠곰!" 빵규 아저씨는 헐레벌떡 식당으로 향했어요.
여덟째에 올 도형은 무슨 모양일까요? 배달 간 다람이를 대신해 케이크를 완성해 주세요!

꼭꼭 숨어 있는 알쏭달쏭 규칙을 찾아라!

우리집 벽지나 보도블록, 포장지 등을 보면 도형이나 그림이 반복되어 나타나는 것을 발견할 수 있어요. 바로 '규칙'이 숨어 있는 거예요. 다양한 사례에 꼭꼭 숨은 규칙을 찾아봐요.

글·디자인 어린이수학동아 일러스트 허경미, GIB

수콤 비법

규칙은 어떤 현상 속에 들어있는 일정한 질서를 말해요. 규칙을 파악하면 그다음에 어떤 것이 나올지 예측할 수 있어요. 1, 2, 3, 4 순서대로 숫자를 세는 것, 반복되는 무늬 등도 모두 규칙이에요.

연어 초밥 → 달걀 초밥 → 새우 초밥 순서로 초밥이 놓여 있어!

수콤달콤 연구소는 어린이들이 '쓴맛'으로 꼽은 초등수학 내용을 달콤하게 바꿔드려요.

핵심 연구원

연구소장 수콤
'수학을 달콤하고 맛있게 만들기'가 목표인 허당 소장이에요.

수학 요리사 달콤
어떤 수학도 달콤하게 만드는 달인이에요.

접시의 색깔을 살펴 봐! 초록색, 파란색, 빨간색 접시 세 개를 하나의 '묶음'으로 보면, 각 묶음에 들어간 빨간색 접시가 아래서부터 하나씩 늘어나고 있어!

달콤 비법

규칙을 바로 찾기 어렵다면, 다음 단계에서 모양, 방향, 색깔 등 여러 부분이 어떻게 달라졌는지 유심히 살펴보세요!

수콤달콤 블록카페

수콤 소장과 달콤 요리사가 블록카페를 방문했어요. 이곳에서는 블록을 일정한 규칙대로 쌓고 있어요. 과연 어떤 규칙일까요?

수콤 비법

도형의 배열에서 규칙을 찾을 때는 위, 아래, 오른쪽, 왼쪽, 대각선 방향으로 도형이 몇 개씩 늘어나는지 세어보세요.

달콤 비법

규칙이 여러 개일 수도 있어요. 발견한 규칙을 하나씩 써서 정리해 보세요.

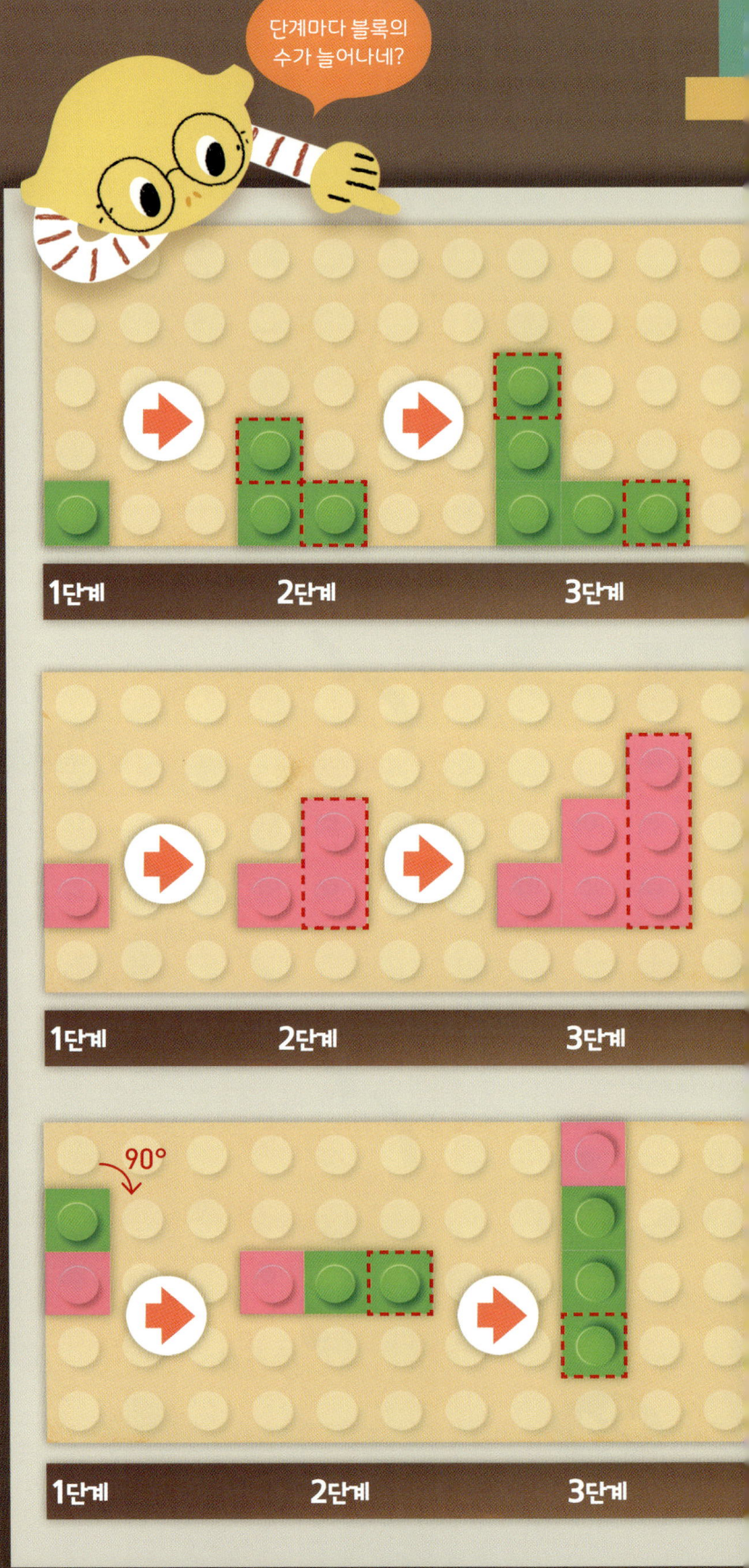

단계마다 블록의 수가 늘어나네?

1단계　2단계　3단계

1단계　2단계　3단계

1단계　2단계　3단계

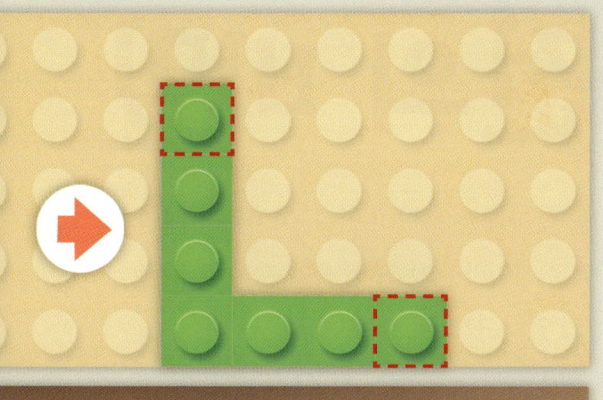

규칙 박스 1
오른쪽과 위쪽에 블록이 한 개씩 늘어나고 있어요.

4단계

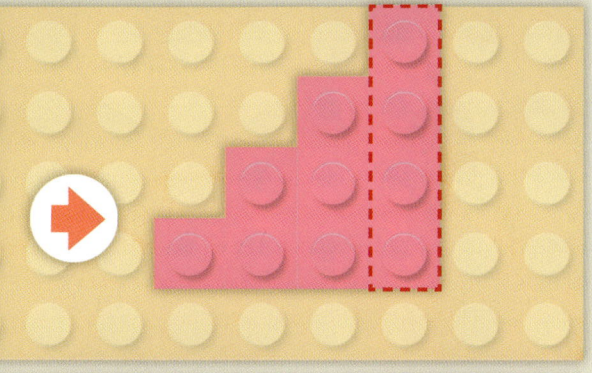

규칙 박스 2
위쪽에 블록이 한 개씩 늘어난 블록줄이 오른쪽에 추가되고 있어요.

4단계

규칙 박스 3
①시계 방향으로 90°씩 돌아가요.
②연두색 블록이 한 개씩 추가돼요.

4단계

꿀꺽! 생활 속 **수학한입**

요술 같은 규칙!
알람브라 궁전의 비밀

안녕! 나는 규칙의 요정 '찌니'야. 세상의 모든 규칙을 찾아내는 능력이 있지. 여기는 스페인 그라나다에 있는 알람브라 궁전이야! 알람브라는 붉은 성이라는 뜻이야. 성을 지을 때 붉은 흙을 많이 써서 그렇다나. 그런데, 내가 왜 여기에 와 있냐고? 바로 이곳에 엄청난 비밀이 있다는 얘기를 들었거든! 나, 규칙의 요정이 그냥 지나칠 수 없는 비밀 말이야!

글 최은솔 기자(eunsolcc@donga.com) 디자인 김은지 일러스트 GIB 사진 위키미디어
#알람브라_궁전 #규칙 #밀기 #뒤집기 #돌리기 #테셀레이션

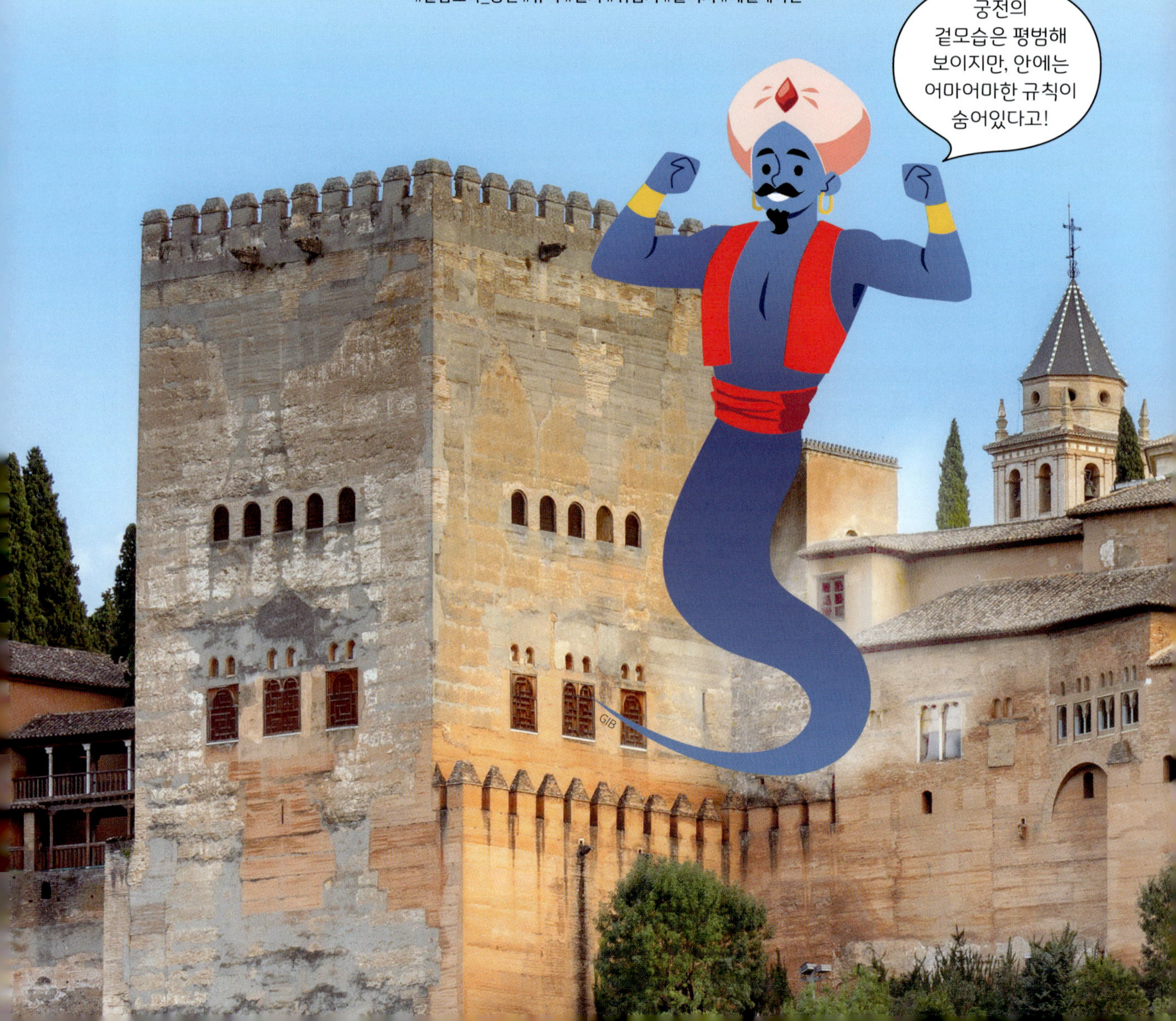

> 궁전의 겉모습은 평범해 보이지만, 안에는 어마어마한 규칙이 숨어있다고!

밀고 돌리고 뒤집어라!

알람브라 궁전 입장! 알록달록한 벽을 자세히 살펴보면, 작은 모양들이 모여 아름다운 무늬를 이루고 있어. 같은 모양이라도 움직이는 방법을 달리해서 이어 붙이면 여러 가지 무늬를 만들 수 있거든. 단, 모양을 움직이는 데에도 규칙이 있다는 사실!

밀기
모양은 그대로 두고 밀어서 자리만 움직이는 방법이야.

뒤집기
모양을 왼쪽이나 오른쪽, 위나 아래로 뒤집는 거야. 거울에 비친 것처럼 뒤집는 방법이지.

돌리기
꽃잎처럼 생긴 하늘색 모양을 원하는 각도★만큼 돌려서 움직였어.

★각도 각의 크기를 말해요. 각은 한 점에서 시작한 두 변으로 이루어진 도형이지요. 각도를 나타내는 단위는 °(도)예요.

딱 들어맞게! 테셀레이션

알람브라 궁전이 규칙적인 무늬로 유명해진 데에는 또 다른 이유가 있어. 바로 '테셀레이션', 우리말로는 '쪽매맞춤' 덕분이야. 같은 모양의 조각들로 공간을 겹치지 않게 빈틈없이 채우는 것을 테셀레이션이라고 하지. 우리가 주위에서 쉽게 볼 수 있는 벌집이나 보도블록에서도 찾아볼 수 있어.

테셀레이션을 만들려면 모양 사이에 빈틈이 없어야 한다고 했지? 그러려면 모양의 꼭짓점이 만나는 각을 합쳤을 때 360°가 돼야 해. 정삼각형, 정사각형, 정육각형을 이어 붙이면 각각 테셀레이션을 만들 수 있어. 한 각의 크기가 60°인 정삼각형 6개가 만나면 360°, 한 각의 크기가 90°인 정사각형 4개가 만나면 360°, 한 각의 크기가 120°인 정육각형 3개가 만나면 360°야.

정삼각형 6개	정사각형 4개	정육각형 3개
60° × 6 = 360°	90° × 4 = 360°	120° × 3 = 360°

찌니의 규칙 요술!

다른 정다각형으로도 테셀레이션을 만들 수 있을까? 아쉽게도, 360°를 만드는 다른 정다각형은 없어. 예를 들어 정오각형으로 테셀레이션을 만든다고 생각해 봐. 정오각형 한 각의 크기는 108°야. 각이 맞닿는 부분의 합은 108+108+108 = 324°로, 360°보다 36°가 부족해서 빈틈이 생겨.

비틀고 바꿔도 테셀레이션이야!

짠! 오른쪽 알람브라 궁전의 벽도 빈틈없이 딱 들어맞는 테셀레이션이야. 잘 보면 색이 칠해진 무늬와 사이사이에 있는 흰색 무늬가 서로 같은 모양이라는 걸 알 수 있어. 그런데 어떻게 테셀레이션이 될 수 있을까? 바로 모양을 비틀어도 꼭짓점이 만나는 각의 합은 360°라는 점을 활용했기 때문이야.

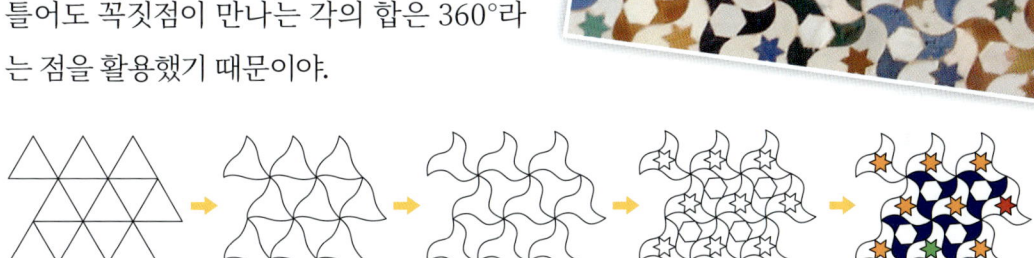

이 벽 무늬는 삼각형을 비틀어서 만들었어. 삼각형은 조금 비틀어도 빈틈없이 모든 각이 맞닿아 있어. 이렇게 전부 같은 회오리 삼각형 모양으로 변신시키고, 무늬 가운데에 육각형과 별 모양을 장식해 이어 붙이면 테셀레이션 완성! 훨씬 화려한 무늬로 탈바꿈했어!

알람브라 궁전 속 개성 넘치는 무늬들의 규칙을 알았으니, 이제 너희가 직접 무늬의 규칙을 찾아볼래? 어떤 모양이 반복되는지, 어떤 방법으로 이동하는지를 알면 규칙을 바로 찾을 수 있다는 사실, 잊지 마!

빨간색으로 표시한 무늬가 어떤 규칙으로 만들어졌는지 살펴 봐!

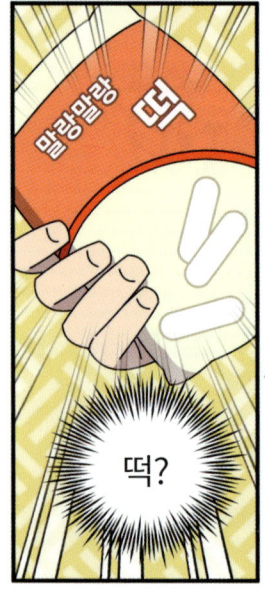

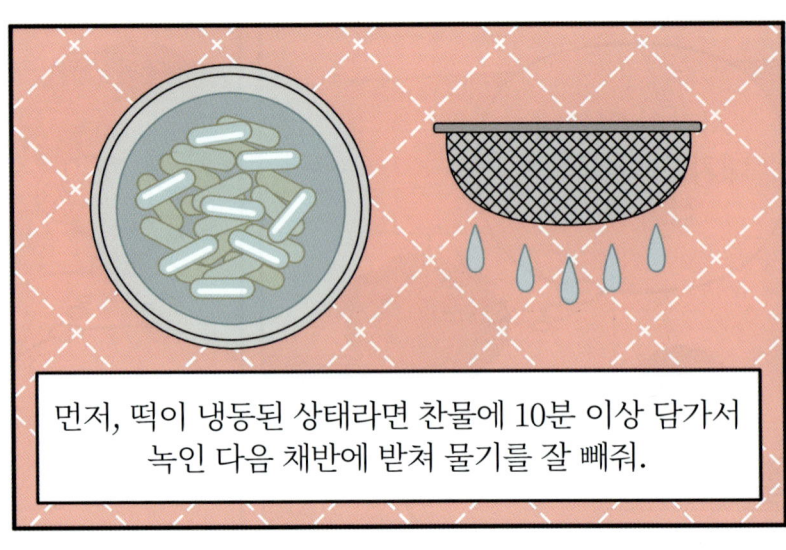
먼저, 떡이 냉동된 상태라면 찬물에 10분 이상 담가서 녹인 다음 채반에 받쳐 물기를 잘 빼줘.

양파와 버섯, 베이컨은 먹기 좋은 크기로 썰어 준비하고

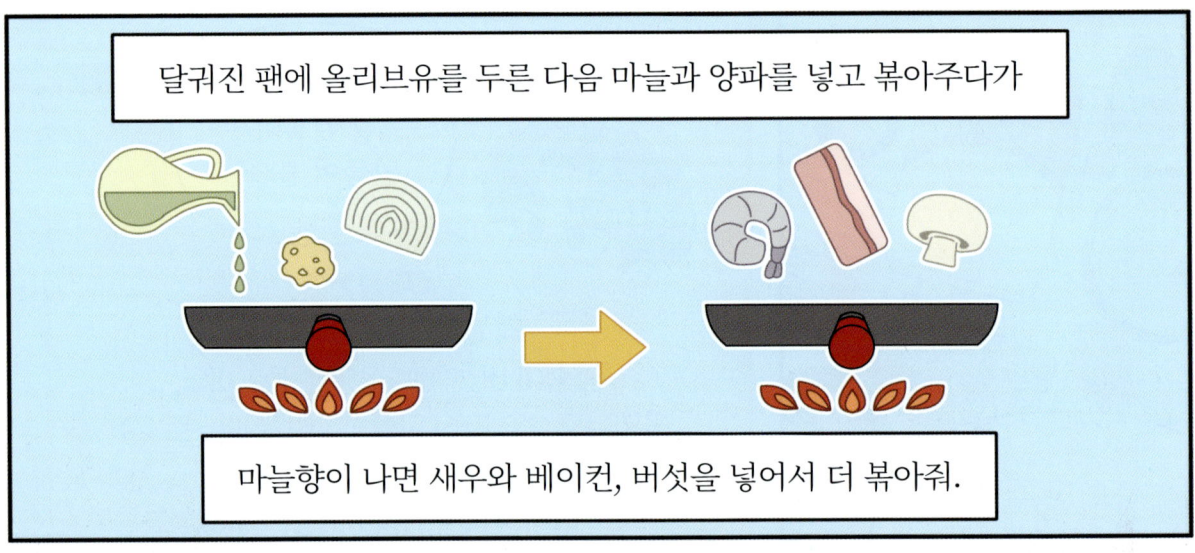
달궈진 팬에 올리브유를 두른 다음 마늘과 양파를 넣고 볶아주다가

마늘향이 나면 새우와 베이컨, 버섯을 넣어서 더 볶아줘.

팬에 든 양파가 투명하게 익으면 생크림을 붓고

다음으로 바질 페스토를 넣고 잘 섞이게 저어줘야 해.

소스가 바글바글하게 끓으면 떡을 넣고

주로 작가

만드는 것보다는 먹는 것을 더 좋아합니다. 좋아하는 음식은 김치볶음밥!
단지의 우당탕탕 요리 대회 도전기! 지켜봐 주세요.

떡이 익을 때까지 저어가면서 끓여줘.

마지막으로 파마산 치즈 가루와 후추로 간을 맞추고

접시에 잘 담아 파마산 치즈 가루와 파슬리 가루를 뿌리면 완성!

삐빅 —빅

제한 시간이 끝났습니다! 두 참가자는 완성된 요리를 가지고 무대로 올라와 주시길 바랍니다.

자, 지금부터 심사를 시작하도록 하겠습니다.

결승전의 심사 기준은…!

일반 떡볶이는 쉽게 접할 수 있으니 색다른 떡볶이를 만들고 싶었어요.

그래서 두 종류를 합친 퓨전 떡볶이를 만들어 봤습니다.

그렇군요~.

두 참가자의 설명 잘 들었습니다.

그럼 지금부터 맛에 대한 심사를 시작하죠.

베이컨과 버섯을 사용했네요. 재료 선택이 좋아요.

열을 너무 가해서 바질의 향이 많이 약해졌군.

바질 페스토와 떡볶이의 조합이 독특하고 잘 어울리는데요?

매콤달콤한 양념이 질리지 않고 아주 딱 좋아요!

자칫 심심해 보일 수 있는데, 고명으로 파를 잘 사용했네.

맛은 있지만…. 평범한 떡볶이라 조금 아쉽네요.

마침내 공개되는 요리 대회의 우승자! 과연 누구일까?

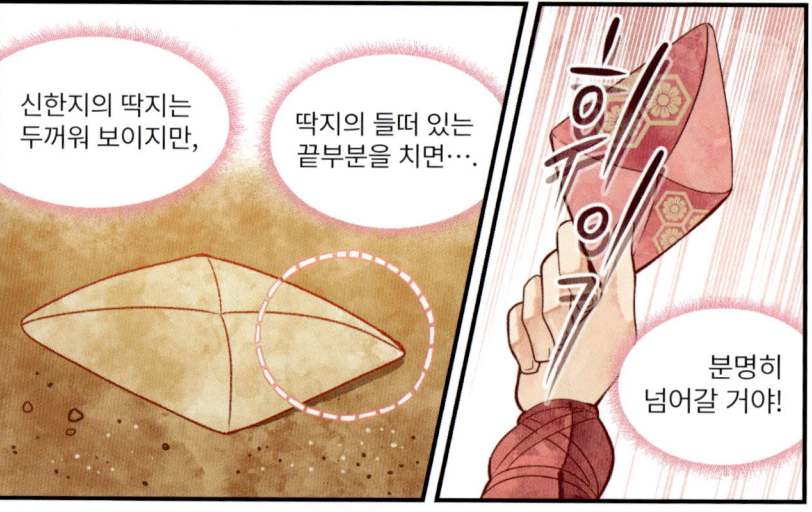

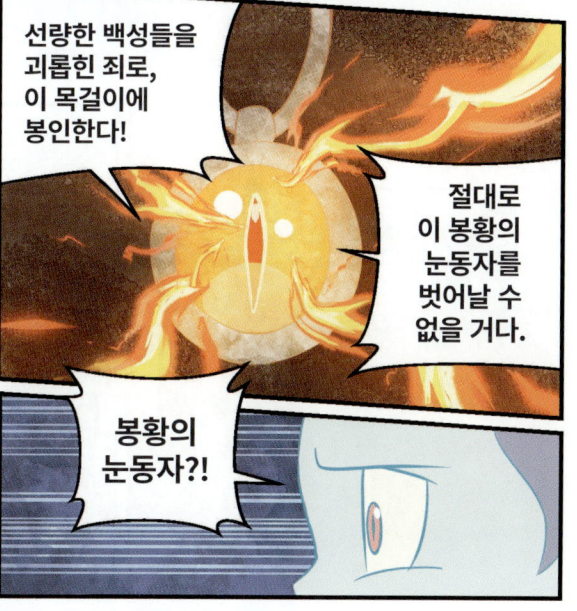

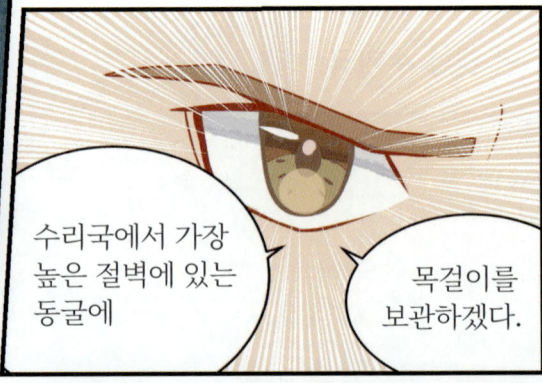

빛의 정체는 무엇일까?!

퍼즐 마법학교

마법은 펭귄도 춤추게 한다?!

"루스, 한참 찾았잖아. 여기서 뭐 하는 거야?"
우릴 부른 건 스페스 선배였어.
"무슨 일 있어요?"
나는 스페스 선배가 또 이상한 실험을 하다가 사고를 친 건
아닌지 걱정이 됐어.
"음…, 말로 설명하는 것보다 창밖을 보는 게 빠를 거야."
설마…. 나는 불안한 마음으로 도서관 창문을 열었어.
뭐야? 하늘에 펭귄들이 날아다니잖아?!

글·일러스트 남남OK 콘텐츠 이다은 기자(dana@donga.com)
디자인 김은지
#규칙성 #규칙_찾기 #패턴

그림마다 한 개씩 숨어있는 숫자도 찾아봐!

미션 1

펭귄들아, 집에 갈 시간이야!

"창문에 그려져 있던 펭귄들이야. 난 그냥 펭귄을 춤추게 하려고 마법 약을 뿌린 건데…"
스페스 선배는 난감하다는 듯 웃었어. 흐음…, 할 말은 많지만 일단 펭귄부터 제자리에 돌려놓아야겠어!

창문의 펭귄들은 규칙적으로 배열돼 있다.
①, ②, ③번 펭귄들의 원래 위치는 각각 어디일까?

티아는 답을 알고 있다?!

"도대체 뭐가 문제였던 걸까?"
펭귄을 돌려놓은 뒤, 스페스 선배는 마법 약 레시피를 보며 고개를 갸웃거렸어.
그때, 조용히 말을 꺼낸 건 다름 아닌 티아였지!
"아마도…, 그 마법진에 빠진 부분이 있는 것 같아요."

숫자들이 규칙적으로 적혀있던 마법진의 일부가 지워졌다.
빈 곳에 어떤 숫자를 넣어야 할까?

잠시 후, 스페스 선배는 수정한 마법진으로 다시 약을 만들어 왔어. 창문에 약을 뿌리자 펭귄들이 제대로 춤을 추기 시작했지.

"대단해! 너, 티아라고 했니?!"

스페스 선배는 반짝이는 눈으로 티아를 바라보았어.

"이 레시피는 내가 골동품 가게에서 사 온 건데…. 지워진 부분이 있다는 걸 어떻게 알았어?"

티아는 주섬주섬 책을 꺼내 펼쳤어.

"사실, 이 책에 나와 있었어요."

그 책은 그림 뒤 벽장에서 찾아냈던 파란 표지의 책이었어.

그런데 티아가 펼친 페이지에는 아무 내용도 적혀있지 않았지.

"이상하다? 분명히 여기 어디쯤…."

당황한 티아가 다른 페이지도 살폈지만, 어디를 펼쳐도 비어있긴 마찬가지였어.

"너, 너희들 그 책은 어디서 난 거야…?!"

티아보다 더 놀란 듯한 스페스 선배가 말했어.

"그 책은 사라졌던 전설의 책, <솔루티오>잖아!"

전설의 책이 어떻게 루스와 티아의 손에? 24호에서 계속

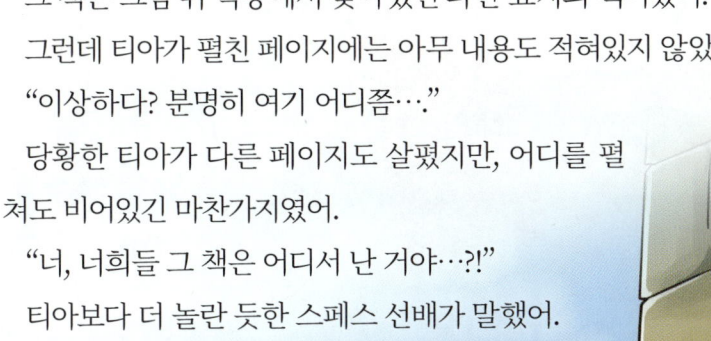

뜨개질을 잘하는 방법이 있나요?

이번 겨울에는 목도리를 직접 만들고 싶어서 할머니께 뜨개질을 배우고 있어요. 그런데, 할머니가 만드신 목도리에 비해 제가 만든 목도리는 실의 모양이 삐뚤빼뚤해서 예쁘지 않아요. 뜨개질을 잘하는 방법이 있나요?

글 장경아 객원기자 **진행** 최송이 기자(song1114@donga.com) **디자인** 김은지 **일러스트** 김태형 **사진** GIB
#슈퍼M #생활수학 #뜨개질 #규칙 #반복 #패턴

어떤 바늘로 뜨개질해야 좋을까?

뜨개질을 하려면 바늘과 실이 필요해요. 뜨개질 바늘에는 크게 대바늘과 코바늘이 있지요.

긴 대나무로 만든 대바늘은 끝이 뾰족해요. 똑같이 생긴 2개의 대바늘을 교차하며 실을 뜨지요. 대바늘은 종류가 다양한데, 실의 두께에 따라 대바늘의 두께를 선택해야 해요. 만약 실은 두꺼운 편인데 얇은 대바늘을 사용하면 뜨개질한 결과물이 쭈글쭈글해지기 쉽고, 실은 얇은데 두꺼운 대바늘을 쓴다면 실 사이에 구멍이 숭숭 나서 무늬가 정교하게 만들어지지 않는답니다. 대바늘은 주로 모자나 목도리처럼 부드러운 옷을 뜨개질할 때 써요.

코바늘은 대바늘과 달리 바늘의 끝부분이 갈고리 모양처럼 생겼어요. 주로 1개의 바늘만 이용하는데, 갈고리 모양에 실을 걸어 뜨개질을 하지요. 코바늘은 컵 받침이나 방석, 인형, 수세미 같은 생활 소품을 만들 때 적당해요. 대바늘로 만든 것보다 튼튼하지만, 부드러움은 덜한 것이 특징이에요.

뜨개질의 비결은? 바로 규칙!

목도리를 뜨기에 적합한 실과 바늘을 준비했다면 본격적으로 뜨개질을 시작해 봐요. 뜨개질을 잘하려면, 같은 동작을 여러 번 반복하는 규칙을 지켜야 한답니다.

매듭 만들고, 원하는 만큼 반복한다!

목도리를 만들 때 가장 먼저 해야 할 건 바로 '코 만들기'예요. 여기서 '코'는 가장 처음 바늘에 실을 걸어 만드는 매듭을 말해요. 어떤 것을 뜨개질할지에 따라 코의 개수를 결정해야 하지요.

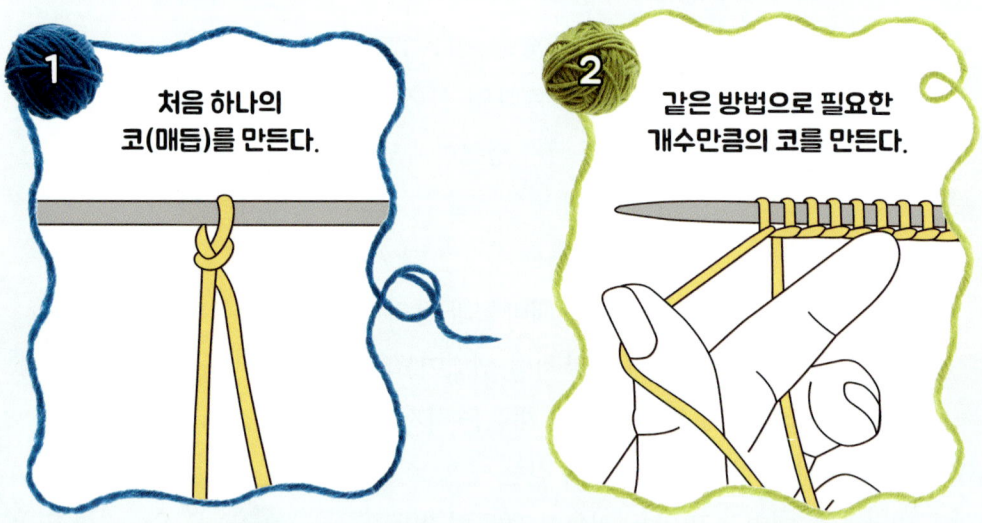

1. 처음 하나의 코(매듭)를 만든다.
2. 같은 방법으로 필요한 개수만큼의 코를 만든다.

예를 들어 폭이 넓은 목도리를 만들고 싶다면 코를 약 30개, 폭이 좁은 목도리를 만들고 싶다면 코를 15개 정도로 정하면 돼요. 만들어야 할 코의 개수를 정하면, 처음 코를 만든 방법을 그 개수만큼 반복하면 된답니다. 만약 한 번이라도 정해진 규칙을 지키지 않으면 실의 모양이 어긋나게 돼요.

QR코드를 찍으면 **코 만드는 법**을 배울 수 있어요.

규칙적인 무늬 찾기

코를 만든 다음, 본격적으로 뜨개질을 시작해요. 가장 대표적으로 사용하는 대바늘 뜨개질 방법은 '겉뜨기'와 '안뜨기'지요.

겉뜨기와 안뜨기는 바늘을 어디에, 어떤 방향으로 넣는지에 따라 달라요. 왼쪽 바늘에 걸려 있는 코에 오른쪽 바늘을 '앞에서 뒤로' 꽂아서 실을 뜨면 겉뜨기이고, '뒤에서 앞으로' 꽂아서 실을 뜨면 안뜨기가 돼요. 겉뜨기와 안뜨기 방법을 계속 반복하면, 겉뜨기로 만든 것은 마치 하트가 이어진 것처럼 보이고, 안뜨기로 만든 것은 꼬불꼬불한 라면 면발처럼 보여요.

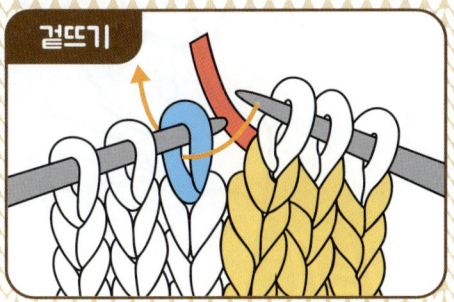
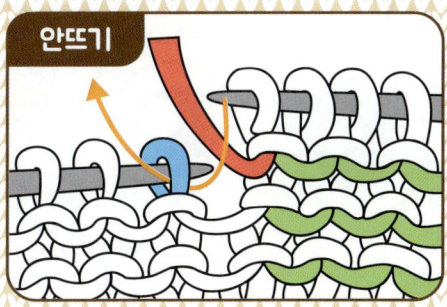

겉뜨기와 안뜨기를 나타내는 기호도 있어요. 겉뜨기와 안뜨기를 한 번씩 번갈아 하는 방법을 오른쪽 표처럼 나타낼 수 있지요. 뜨개질 방법에 따라 다양한 무늬를 만들 수 있어요.

이때 중요한 것은 무늬의 규칙을 정확하게 정하고 반복해야 한다는 점이에요. 처음에는 겉뜨기로 하다가, 갑자기 안뜨기로 바꾼다면 예쁜 뜨개질 무늬를 만들기 어려워요. 나만의 규칙을 정해서 무늬를 만들어 보세요.

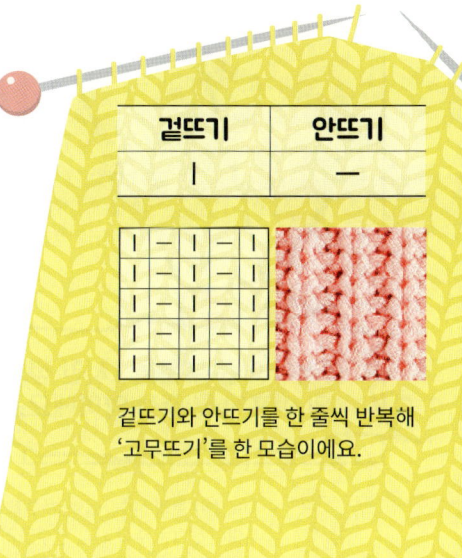

겉뜨기와 안뜨기를 한 줄씩 반복해 '고무뜨기'를 한 모습이에요.

하프타임* 축구, 농구 등의 스포츠 경기에서 전반전과 후반전 사이에 주어지는 휴식 시간을 말해요.

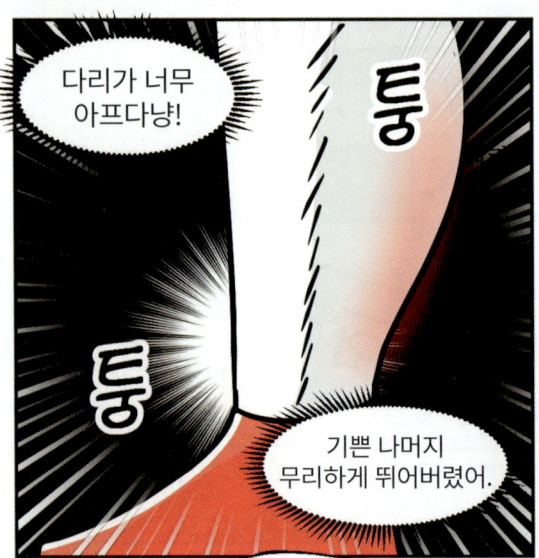

결국 쓰러지고 만 캣츠! 지옥 축구팀의 운명은?!

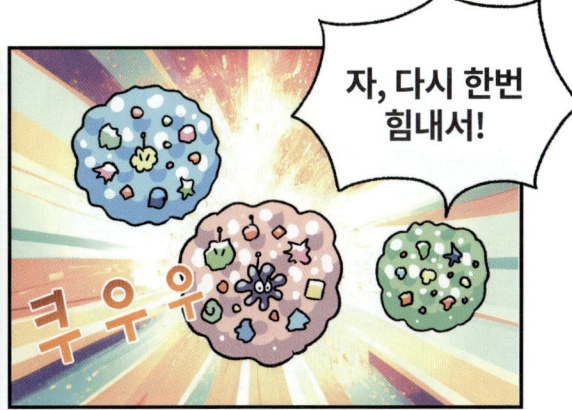

꼬마 삼각김밥의 꿈
난 도형수로 커질래~!

글 최송이 기자(song1114@donga.com) 디자인 오진희 일러스트 GIB
#규칙 #도형수 #삼각수 #정사각수 #오각수 #육각수

쩝쩝도사

'나는 왜 대왕 삼각김밥이 되지 못할까….'
'밥맛 좋은 나라'에 사는 삼각김밥 '바비'가 고민에 빠졌군요. 몸집이 더 크고 더 맛있는 대왕 삼각김밥이 되는 방법을 도무지 알 수가 없대요. 아무래도 제가 나서야겠어요. 제가 누구냐고요? 밥맛 좋은 나라에서 일어나는 일이라면 모르는 게 없는 '쩝쩝도사'랍니다!

커질수록 늘어난다!

대왕 삼각김밥이 되려면 먼저 '도형수'를 알아야 해요. 도형수는 도형의 모양을 이루는 점의 개수를 말해요. 도형의 모양에 따라 삼각수, 사각수, 오각수, 육각수 등으로 불리지요. 삼각수는 점을 정삼각형 모양으로 배열했을 때 그 점의 개수예요. 아래 그림에서 삼각형 모양을 이루는 점의 개수를 세어봐요. 삼각수의 규칙이 보이나요? 삼각형이 한 줄씩 늘어날 때마다 점의 개수가 2, 3, 4, …씩 커지지요.

삼각수	1	3	6	10
규칙	1	1+2	1+2+3	1+2+3+4

그렇다면 10 다음에 올 삼각수는 무엇일까요? 삼각수의 규칙을 잘 살펴보고 빈칸을 채워 보세요. 정답과 같은 개수의 삼각김밥을 모두 뭉치면 바비도 대왕 삼각김밥이 될 수 있을 거예요!

삼각수	1	3	6	10		21
규칙	1	1+2	1+2+3	1+2+3+4		1+2+3+4+5+6

삼각김밥 ☐ 개를 뭉쳤더니, 나도 이제 대왕 삼각김밥! 고마워요, 쩝쩝도사 님!

바비

규칙을 찾으면 커질 수 있다!

정사각형 모양의 롤 김밥 '롤리'와 직사각형 모양의 초밥 '마리'도 몸집을 키우고 싶대요. 롤리와 마리에게 '정사각수'와 '직사각수'에 대해 알려줘야겠군요!

정사각수	1	4	9	16	…
규칙 1	1	1+3	1+3+5	1+3+5+7	…
규칙 2	1×1	2×2	3×3	4×4	…

16 다음에 올 정사각수만큼 커져야겠다! ☐개를 뭉쳐야지~.

롤리

점을 정사각형 모양으로 배열했을 때 점의 개수는 1개, 4개, 9개, 16개, …로 늘어나요. 정사각수를 이루는 규칙 하나는 1, 1+3, 1+3+5, 1+3+5+7, …처럼 연속된 홀수를 차례로 더하는 것이고, 또 다른 하나는 1×1, 2×2, 3×3, 4×4, …처럼 가로에 있는 점의 개수와 세로에 있는 점의 개수를 곱하는 거예요.

직사각수	2	6	12	20	…
규칙 1	1+1	3+3	6+6	10+10	…
규칙 2	2	2+4	2+4+6	2+4+6+8	…

20 다음에 올 직사각수만큼 커지고 싶어! 필요한 밥의 개수는 ☐개!

마리

직사각수는 똑같은 두 삼각수의 합으로 나타낼 수 있어요. 삼각수는 1, 3, 6, 10, …이므로 1+1, 3+3, 6+6, 10+10, …은 직사각수가 되는 거예요. 또, 2, 2+4, 2+4+6, 2+4+6+8, …처럼 연속된 짝수를 차례로 더해서 나타낼 수도 있답니다.

신기한 도형수의 세계로!

바비, 롤리, 마리까지 모두 대왕 김밥이 되자, 밥맛 좋은 나라의 다양한 친구들이 저, 쩝쩝도사를 찾아오기 시작했어요. 도형수에는 삼각수, 사각수뿐만 아니라 오각수, 육각수 등 다양한 도형수가 있다는 사실을 널리 알려야겠네요! 여러분도 함께 규칙을 찾고 빈칸을 채워 주세요!

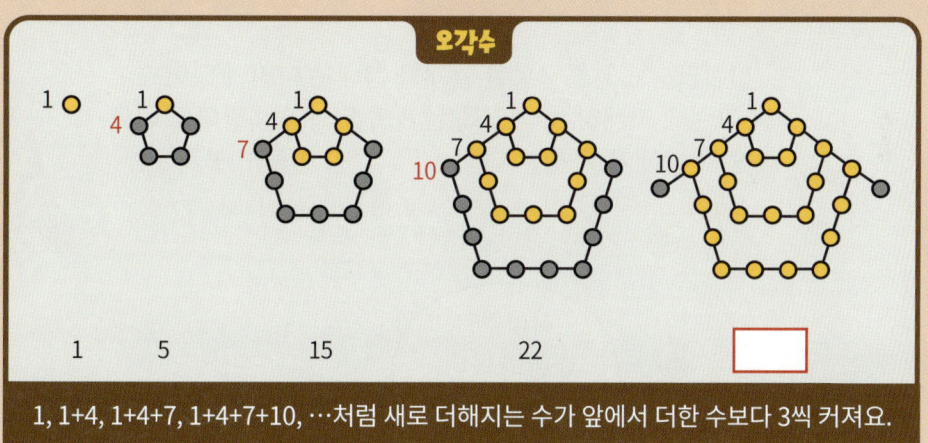

1, 1+4, 1+4+7, 1+4+7+10, …처럼 새로 더해지는 수가 앞에서 더한 수보다 3씩 커져요.

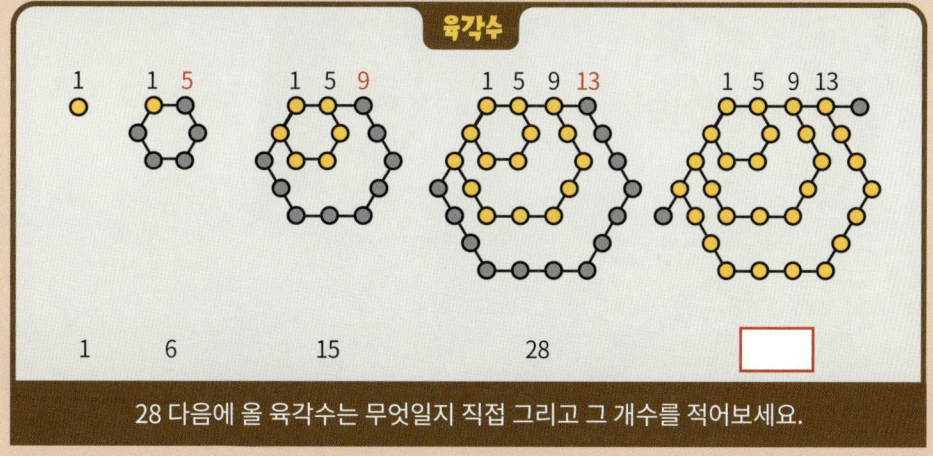

28 다음에 올 육각수는 무엇일지 직접 그리고 그 개수를 적어보세요.

QR코드를 찍으면 **정답**을 바로 볼 수 있어요.

도형수의 규칙만 찾으면 누구든 대왕이 될 수 있답니다~!

폭신폭신해! 나비 스퀴시

용어 설명

스퀴시* '부드러운 것을 으깬다'는 뜻으로, 부드러운 촉감을 가진 장난감이에요. 고무나 종이, 솜을 활용해 만들어요.

팔랑팔랑~. 알록달록한 날개를 뽐내는 나비가 있어요. 앗, 그런데 자세히 보니 양쪽 날개의 무늬와 색깔이 같네요. 양쪽 날개가 똑 닮은 나비 **스퀴시***를 만들어 볼까요?

글 최은솔 기자(eunsolcc@donga.com) **디자인** 김은지 **사진** GIB, 어린이수학동아
#수학체험실 #스퀴시 #규칙 #데칼코마니 #대칭 #나비 #날개

> 하나뿐인 나만의 나비! 훨훨 날아가고 있어~♪

접었다 펴면
양쪽이 똑같네!

종이 한쪽에 여러 색의 물감을 묻힌 뒤 반으로 접었다 펴면, 접힌 선을 기준으로 양쪽에 똑같은 무늬가 나타나요. 이것은 스페인의 화가 오스카 도밍게스가 생각해 낸 미술 기법 '데칼코마니'랍니다. 복사한다는 뜻의 프랑스어 '데칼케(de'calquer)'에서 비롯된 말이에요.

데칼코마니 그림은 '대칭'을 이뤄요. 점이나 선을 기준으로 접었을 때 완전히 겹치는 것을 대칭이라고 해요. 나비 몸의 가운데에 세로선이 있다고 생각해 봐요. 그 선대로 반을 접어 서로 붙이면 똑같은 모양이 되지요. 기준이 되는 선인 '대칭축'의 양쪽으로 모든 게 쌍을 이뤄요.

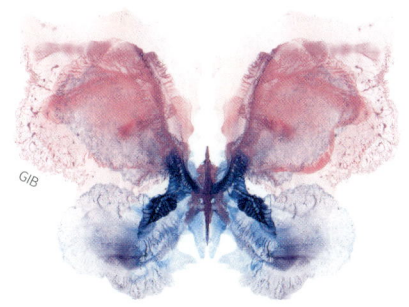 

물감으로 찍어낸 데칼코마니 나비 그림과 진짜 나비의 모습이에요.

자연에는 나비처럼 대칭을 이루는 것이 많아요. 곤충의 날개가 한쪽만 더 크거나 작으면 몸이 한쪽으로 기울어져 날기가 어려울 거예요. 대칭을 이룰 때 양쪽 골고루 힘이 나뉘어 안정적으로 날 수 있지요. 사람의 몸도 마찬가지예요. 몸통에 팔과 다리가 두 개씩 있고 얼굴도 눈과 귀가 대칭을 이루고 있지요.

나도 데칼코마니!

말랑말랑! 나비 모양의 규칙은?

날개를 접었다 펴면 나만의 데칼코마니 나비 완성! 놀이북 25쪽의 나비 도안을 오리고 솜을 채워 말랑하고 폭신한 스퀴시를 만들어 봐요.

준비물

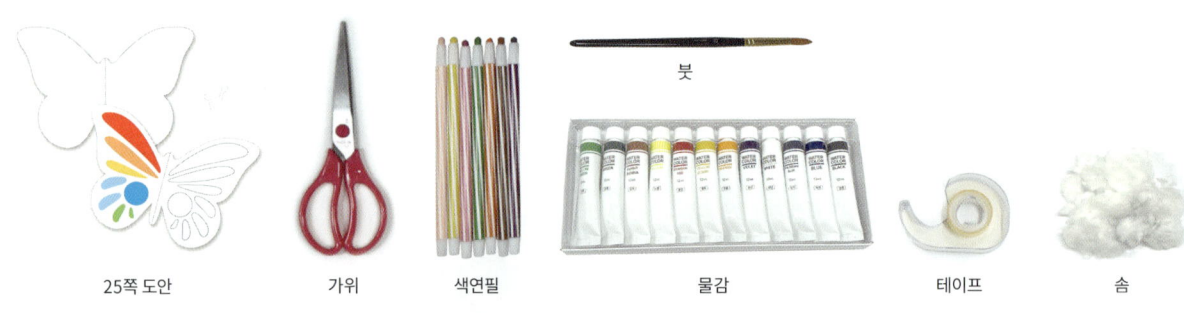

25쪽 도안 · 가위 · 색연필 · 붓 · 물감 · 테이프 · 솜

1 나비 ① 도안을 가위로 오린 뒤 점선을 따라 반으로 접었다 펴요.

2 원하는 색깔의 물감을 골라 한쪽 날개에 그려요. 종이를 접었다 폈을 때 나올 모양을 상상하며 그려 봐요.

반으로 접어 물감이 잘 묻도록 꾹꾹 눌러요.

종이를 펼치고 물감이 묻어나오지 않을 때까지 잘 말려요.

나비 ② 도안이 대칭이 되도록 빈 날개에 알맞은 색을 칠해요. 4 를 뒤집고 그 위에 겹치게 놔요.

솜을 넣을 구멍만 남기고 두 종이를 테이프로 붙여요. 나비의 몸통 부분도 모두 테이프로 감싸요.

구멍 안으로 솜이나 휴지를 적당히 넣고, 테이프로 구멍을 막아요. 더듬이도 대칭이 되도록 붙이면 완성!

다양한 규칙이 있는 나비 스퀴시를 만들어 봐요!

수플리
수학 플레이리스트

담당 최은솔 기자
(eunsolcc@donga.com)

QR코드를 찍고 **게임 방법**을 영상으로 확인해 보세요!

※자세한 규칙은 제품에 들어있는 설명서를 참고하세요.

 보드게임

1

숫자 1~9가 적힌 색깔 카드 36장, 1~4가 적힌 로켓 카드 4장이 있어요. 카드를 모두 잘 섞어 참가자들이 같은 개수로 나눠 가져요.

2

← 색깔 카드
← 과제 카드
분홍색 8 카드를 얻어야 해!

숫자가 크게 적힌 과제 카드 36장을 잘 섞고 그중 4장을 뽑아 한 장씩 나눠 가져요. 과제 카드가 가리키는 색깔 카드를 얻어야 해요.

3

한 명이 자기 카드 중 1장을 내면 다른 참가자들이 차례대로 색깔이 같은 카드를 1장씩 내려놔요. 단, 로켓 카드는 색깔과 상관없이 낼 수 있어요.

스페이스 크루
코리아보드게임즈
koreaboardgames.com
20,000원
이용 연령 | 10세 이상
참여 인원 | 2~5명

6

한 명도 빠짐없이 과제 카드에 맞는 색깔 카드를 얻어야 게임이 끝나요. 서로 원하는 카드를 얻도록 협동해야 해요.

5
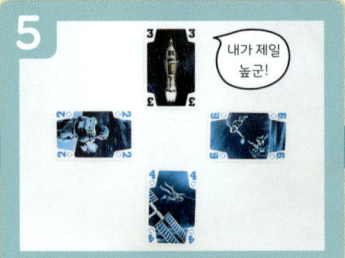

내가 제일 높군!

모두 색깔 카드를 낼 때 혼자 로켓 카드를 내면 나머지 카드를 전부 얻어요. 로켓 카드가 여러 장이면 숫자가 높은 카드가 더 강해요.

4

1, 2, 4는 내가 가져간다!

모두 색깔 카드를 냈다면, 그중 숫자가 가장 높은 카드를 낸 사람이 나머지 카드를 전부 얻어요.

➕ 놀면서 배우자!

- ➕ 수를 비교하는 법을 배워요. 로켓 카드는 색깔 카드 9보다 강하지만, 그중에서는 로켓 4가 로켓 1보다 강하지요.
- ➕ 어떤 카드를 낼지 고민하며 추리력을 길러요. 함께 승리하는 게임이기 때문에 상대가 분홍색 7 카드를 얻어야 하면, 내가 분홍색 8 카드가 있어도 내지 않아야 해요.

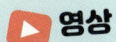 **영상**

사과 속에 꽃이 피었네!

맛있는 사과를 세로로 자르면 사과 가운데에 있는 씨앗도 함께 잘려요. 그런데, 사과를 가로로 자르면 새로운 무늬가 보이지요. 꽃잎 같은 무늬 5개가 별 모양처럼 규칙적으로 놓여있어요. 이 무늬들은 어떻게 생겨난 걸까요? 영상을 통해 자세히 알아봐요!

 **책**

최강 수학술사 : ❶ 쉽고 빠르게, 쾌속 계산법

강호 글 | 리버앤드스타 그림 | 이지북 | 13,900원

강수는 부모님의 가게에서 일을 돕고 있어요. 빠르고 정확한 계산 능력을 발휘해 돈을 더하고 빼는 것이 주특기지요. 그러던 어느 날, 강수는 아버지가 최고의 수학술사였음을 알게 돼요. 아버지처럼 멋진 수학자가 되기 위해 수학 학교에 입학하고 '수학의 탑'에서 끊임없이 실력을 기르게 되지요. 과연 강수는 최강 수학술사가 될 수 있을까요?

 **책**

세상을 바꾸다, 신소재

김수주 글 | 홍기한 그림 | 봄볕 | 15,000원

기존의 물질을 강하게 만들어 새로운 기능을 가지게 한 재료를 '신소재'라고 해요. 지금은 흔하게 볼 수 있는 종이, 고무 등도 처음 발명되었을 때는 세상을 바꿀 신소재로 여겨졌지요. 책을 읽으며 과거부터 현재까지 우리의 삶을 편리하게 만들어준 신소재 이야기에 빠져 보세요.

영상

볼록 튀어나온 입체 손!

알록달록하고 화려한 줄무늬 그림이 있어요. 앗! 그런데 잘 보니, 가운데에 손이 숨어 있네요. 손 위에다 줄을 그린 걸까요? 사실 이건 곧게 뻗은 줄무늬 일부를 휘게 그려서 튀어나온 손처럼 보이게 하는 착시 그림이에요. 손을 종이에 대고 바깥 부분은 가로로 곧게 그린 뒤, 손을 떼서 나머지를 휘게 그리면 튀어나온 손처럼 보이지요. 영상을 따라 여러분도 입체 손을 그려 보세요!

※과몰입러: 뭔가에 깊이 빠진 사람을 재밌게 부르는 유행어.

- 마감의 규칙 -

글·그림 최수경 콘텐츠 최송이 기자(song1114@donga.com)

 최수경 작가 애니메이션과 웹툰을 그리고 있습니다. 개성 있고 사랑스러운 그림으로 사람들을 행복하게 해주고 싶어요. :)

여러분이 매일 지키는 규칙은 무엇인가요?

어린이 수학동아가 찾아갑니다!

<어린이수학동아>를 정기구독으로 만나보세요. 한 달에 두 번 최신 호를 가장 빠르게 받아볼 수 있습니다. 1년을 구독하면 초등 수학의 5개 영역을 담은 <어린이수학동아> 24권을 모두 받을 수 있어요. 또, 정기구독 독자에게만 드리는 혜택도 누릴 수 있어요!

★정기구독으로 초등 수학 완전 정복!

연간 주제호 구성안	1월	2월	3월	4월	5월	6월
	여러 가지 수	덧셈과 뺄셈	도형	도형	도형	곱셈과 나눗셈
	여러 가지 수	덧셈과 뺄셈	도형	도형	곱셈과 나눗셈	곱셈과 나눗셈
	7월	8월	9월	10월	11월	12월
	분수와 소수	분수와 소수	측정	측정	자료와 가능성	규칙 찾기
	분수와 소수	분수와 소수	측정	자료와 가능성	자료와 가능성	규칙 찾기

※정기구독 신청일 기준으로 해당 월호가 배송되며 1년 중 24권을 모두 받을 수 있습니다.

어린이수학동아 정기구독 혜택 100% 누리기!

기자단 활동
★전국 과학관 및 박물관 상시 무료 입장
★내가 쓴 기사를 현직 기자가 첨삭!
★기사와 체험 활동은 포트폴리오로 관리

팝콘플래닛

연장회차별 DS캐시 지급
★현금처럼 사용가능한 DS캐시 제공
★5,000캐시부터 최대 15,000캐시까지 즉시 할인

DS 스토어

디라이브러리 무료
★동아사이언스 모든 매거진(어린이수학동아, 어린이과학동아, 수학동아, 과학동아) 무료 이용
★연 480,000원 상당 혜택

디라이브러리

시민과학 프로젝트 참여 기회 제공
★이화여대 장이권 교수와 함께하는 지구사랑탐사대 우선 선발
★AAAS 국제과학언론상 수상! 우리동네 동물원 수비대 우선 선발
★줍깅! 분리배출! 플라스틱 일기까지! 플라스틱 다이어트 프로젝트 참여

어수동×어과동 기자단 가입하고
82개 전국 과학관·박물관 취재하세요!

<어린이수학동아>를 정기구독해서 보는 친구에게는 정말 좋은 혜택이 있어요! 바로 어린이수학동아×어린이과학동아 기자단 활동! 기자는 원하는 정보를 얻기 위해 해당 분야 전문가를 만나 취재하고 기사를 쓰죠. 친구들도 <어수동> 기자처럼 전국 82개 과학관과 박물관에 무료 입장해 취재하고 기사를 쓸 수 있어요. 기사를 써서 팝콘플래닛 '기사콘'에 올리면 <어수동> 기자가 직접 첨삭해 기사를 출고합니다. 기자단에 가입하고 꼭 기자단 혜택을 누리세요!

기자단에 가입하면 얻는 혜택

혜택 1. 82개 — 전국 주요 과학관 및 박물관 무료 또는 할인 입장
혜택 2. 첨삭 — 현직 기자의 글쓰기 첨삭 지도
혜택 3. 취재 — 다양한 현장 취재 참여
혜택 4. 포트폴리오 — 내가 쓴 기사를 내려받을 수 있는 포트폴리오 제공

앱 설치하고 모바일 기자단증을 받으세요!

정기구독 신청 (02)6749-2002

정기구독 할인 안내 — 최대 **288,000**원 가격 할인

정기구독료

	구분	정가	정기구독료	할인율	할인금액
단품	1년 정기구독료(24권)	264,000	224,400	15%	39,600원 할인
	2년 정기구독료(48권)	528,000	422,400	20%	105,600원 할인

패키지 구독료

	구분	정가	정기구독료	할인율	할인금액
패키지 1년 정기구독료	어린이수학동아 + 어린이과학동아	576,000	460,800	20%	115,200원 할인
	과학동아 + 어린이과학동아	510,000	408,000		102,000원 할인
패키지 2년 정기구독료	어린이수학동아 + 어린이과학동아	1,152,000	864,000	25%	288,000원 할인
	과학동아 + 어린이과학동아	1,020,000	765,000		255,000원 할인

※ 위의 패키지 상품은 어린이수학동아 독자 연령에 맞는 대표 패키지입니다.
추가로 다양한 패키지 상품을 구매할 수 있습니다 (상세 가격은 'DS스토어' 홈페이지 참고).

어린이 수학동아 편집부 ♥ 후기 ♥

😎 최은혜 편집장
10km 달리기를 연습하고 있어요. 서두르지 않고 조금씩 더 멀리, 조금 더 힘차게 달리는 게 중요하지요.
#그러다보면 #어느새 #FINISH

😄 최송이 기자
토끼가 밧줄에 꽁꽁 묶여 있어서 무슨 일인가 했더니, 옆에 이렇게 적혀 있었어요. '꽃이 너무 맛있어 보여 야금야금 따먹다 들켜 벌 받는 중이랍니다.' 불쌍하지만, 너무 귀엽다!

🤡 조현영 기자
미국에 여행 가서 빈센트 반 고흐의 그림을 구경했어요. 가느다란 선이 모여서 하나의 형체를 이루는 게 정말 신기해요. 반 고흐가 보는 세상은 언제나 이렇게 물결치듯 춤추고 있었을까요? 본인의 얼굴마저도요!

😛 최은솔 기자
분명 인형인 줄 알았는데, 가까이서 보니 고양이들이 새근새근 숨을 쉬며 자고 있었어요. 잠에서 깨지 않도록 조용히 다가가서 오랫동안 지켜봤답니다.

😃 이다은 기자
제 이름이 적힌 귀여운 그릇과 고구마 쿠키예요. 군고구마를 납작하게 누른 다음 오븐에 구워 만들었지요. 모양은 울퉁불퉁하지만 달콤하고 바삭한 게 '어수잼' 빵꾸네 쿠키 못지않답니다.

😍 오진희 디자인 파트장
Kcmy(검정+파랑+핑크+노랑) 잉크가 섞여 다양한 컬러를 담은 어수동 표지가 완성됐어요!
#인쇄소에서

😜 김은지 디자이너
날씨가 많이 추워졌어요! 이마가 시려서 일까요... 싹둑! 고민 없이 자른 앞머리만으로 큰 변화를 준 것 같아 기분이 색달랐어요. 언젠가 변신한 모습으로 <어수동>에 짠~ 나타날게요!

내가 바로 <어수동> 표지 작가!

독자 여러분이 멋지게 완성한 <어수동> 표지를 소개합니다. 놀이북 표지를 내 맘대로 색칠하고 '플레이콘'의 놀이터-어린이수학동아 게시판에 자랑해 주세요!

베스트 표지
독자 김선아(pinkpizo)

23호 표지

지금 바로 표지 작가에 도전하세요! 베스트 표지에 뽑히면 선물을 드려요!

이다은 기자

기자의 한마디

★ 빵규와 다람이가 하트와 다이아몬드가 번갈아 나오는 규칙 모자와 장갑을 착용하고 있네요.

★ "맛있는 규칙 빵이 나왔어요~!"라고 외치는 빵규의 눈 옆에 별 모양 점이 콕! 찍힌 게 멋져요.

※ 베스트 표지로 선정된 분은 dana@donga.com으로 이름, 주소, 전화번호를 보내주세요!

어수동 찐팬을 만나다

암호처럼 풀기 힘든 클라이밍의 매력!

글 이다은 기자(dana@donga.com)

<어린이수학동아>의 진짜진짜 '찐팬'을 소개합니다! 찐팬으로 선정된 독자의 교실로 <어수동>을 보내드려요.

클라이밍하는 장현호 독자의 모습이에요.

어수동 <어수동>에서 어디를 가장 먼저 펼쳐 보나요?

매 호 가장 재밌어 보이는 기사를 찾은 뒤 그것부터 읽어요. 저에게 재밌는 기사란 잘 알려지지 않은 특이한 내용을 다룬 기사예요. 기억에 남는 건 2022년 3월 1일 자 <어수동> '수학자 가상인터뷰'에 나온 베른하르트 리만의 이야기예요. '리만 가설'이 풀리면 수많은 학자들이 만든 암호가 풀릴 거라는 내용이 아직도 기억나요. 가설이 풀릴 때를 대비해 새로운 암호체계를 만들면 좋을 것 같아요.

어수동 요즘 가장 즐겨하는 건 뭐예요?

클라이밍이요! 어릴 때부터 무엇이든 타고 올라가는 걸 좋아했는데, 클라이밍은 그에 규칙이 더해져 정식 스포츠로도 인정받았다는 점이 좋아요. 클라이밍에서 올라가기 위해 잡는 걸 '홀드'라고 하는데, 이전에는 잡지 못했던 홀드를 잡고 올라가게 됐을 때 가장 짜릿해요. 어떻게 홀드를 잡아야 할지 고민하는 것도 재밌고요. 최근에는 홀드의 위치나 배열을 설계하고 검증하는 '클라이밍 루트 세터'가 되는 걸 꿈꾸고 있어요.

어수동 <어수동>에서 앞으로 알려줬으면 하는 게 있나요?

암호를 만들거나 해독하는 다양한 방법에 대해 알려주면 재미있을 것 같아요. 라바 램프가 변하는 모습을 기록하거나, 번개가 칠 때 라디오 잡음을 측정해서 암호를 만들었다는 걸 책에서 읽었는데 신기했거든요. 이것 말고도 더 다양한 암호를 알아보고 싶어요.

장현호
인천 주안초등학교 4학년

팝콘플래닛으로 놀러오세요!

팝콘플래닛은 어떤 곳인가요?
팝콘플래닛은 어린이의 상상으로 태어난 가상세계입니다.
총 4개의 콘으로 구성돼 있어요.

 **나의 작품을 직접 연재하는 웹툰/소설/그림 작가 되기!**

 **기사도 쓰고~ 토론도 하고~ 어과수 기자단 활동하기!**

 **어린이수학동아, 어린이과학동아 콘텐츠를 한눈에 쏙!**

 **지구를 지켜라! 시민과학자 되기!**

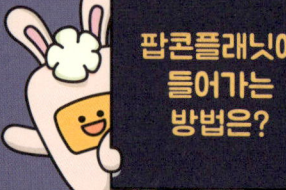

팝콘플래닛에 들어가는 방법은?

웹(PC)으로 접속할 때
포털사이트에서 '팝콘플래닛'을 검색하거나 주소창에 www.popcornplanet.co.kr을 입력하세요.

앱(스마트폰/태블릿PC)으로 접속할 때
구글/앱 스토어에서 '팝콘플래닛'을 검색한 다음 앱을 설치하세요.

놀이북 6쪽을 확인하세요!

contents

'플레이콘'에 놀러오세요!
놀이터-어린이수학동아 게시판에 나의 놀이북 활동을 자랑하면 추첨을 통해 선물을 드려요.

02 사고력 쑥쑥! 수학 놀이

06 이야기로 냠냠! 어수잼
    제빵사 빵규의 비밀 레시피!

08 수학 궁금증 해결! 출동, 슈퍼M
    규칙만 알면 나도 뜨개질 전문가

10 놀러와! 도토리 오락실

12 말랑말랑 두뇌퍼즐

16 어수동네 놀이터

18 도전! M 체스 마스터
    모피 메이트, 필스버리 메이트

21 도전! M 체스 마스터 카드

23 컵케이크 토핑

25 데칼코마니 나비 스퀴시

사고력 쑥쑥! 수학놀이

콘텐츠 유대현 서울유현초등학교 교사
(전 서울 중부교육지원청 영재교육원 강사)
진행 조현영 기자(4everyoung@donga.com)
디자인 오진희 **일러스트** GIB
#규칙 #규칙성 #숫자 #도형

규칙의 연못에 풍덩!

💡 조그마한 연못에 수들이 떠올라 있어요. 이 수들은 어떤 규칙에 따라 바뀌어요. 다섯 번째 연못에 들어갈 수는 무엇일까요?

두 번째 연못과 첫 번째 연못의 차는 얼마일까? 세 번째 연못과 두 번째 연못의 차는?

변신 타일

💡 벽에 달린 타일의 위치가 규칙에 따라 바뀌어요. 다섯 번째 벽의 타일은 어떻게 되어 있을지 생각해 색을 칠해 보세요.

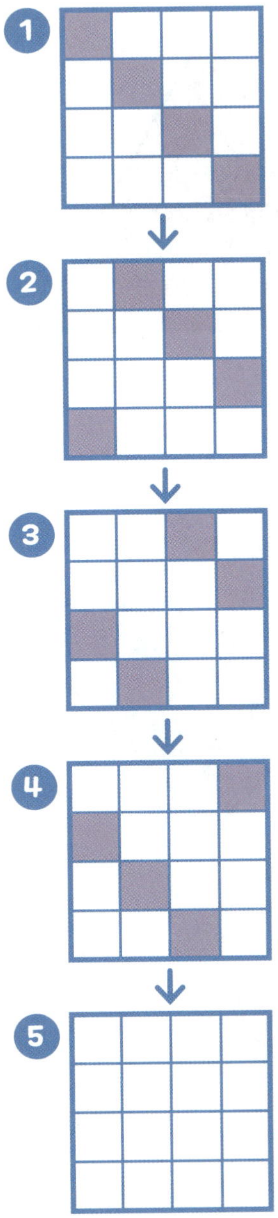

1번에서 5번으로 갈수록 타일이 어떻게 움직이는지 살펴 봐!

마법에 걸린 도형

왼쪽 도형이 마법에 걸려 오른쪽 도형으로 변했어요. 빈칸에 들어갈 도형은 어떤 모양일지 직접 그려보세요.

💡이 도형은 더 강력한 마법에 걸려서 매일 다른 모습으로 바뀌어요. 금요일에는 어떤 모습을 하고 있을까요?

제빵사 빵규의 비밀 레시피!

조각 케이크, 컵케이크, … 빵규네 빵집은 달콤한 케이크들로 가득해요.
빵규의 비밀 레시피*를 알아내 나만의 케이크를 만들어 보세요!

글 이다은 기자(dana@donga.com) 디자인 오진희 일러스트 최현주
#규칙성 #규칙_찾기 #케이크

용어 설명
레시피* 음식을 만드는 방법과 과정을 담은 내용이에요.

🐻 층층이 알록달록, 조각 케이크!

규칙왕 빵규 아저씨의 요리책에서 조각 케이크 레시피를 찾았어요. 표에서 계산식의 규칙을 찾아 레시피를 알아내고, 마음껏 색칠해 조각 케이크를 완성해 보세요.

순서	계산식
1	100+700-200
2	200+800-300
3	300+900-400
4	400+1000-500
5	(필요한 도토리 가루 양)

시크릿 레시피!

필요한 도토리 가루 양 총합

규칙만 알면 나도 뜨개질 전문가

뜨개질을 직접 할 수 있다면 어떨까요? 규칙을 이용해 나만의 뜨개질 도안을 만들어 보고, 바늘 없이 손쉽게 만들 수 있는 '손 뜨개질'도 배워봐요.

글 장경아 객원기자 **진행** 최송이 기자(song1114@donga.com) **디자인** 김은지 **일러스트** 김태형, GIB
#슈퍼M #생활수학 #뜨개질 #규칙 #반복 #패턴

나만의 목도리 무늬 디자인하기

직접 뜨개질을 해서 목도리를 만들 수 있다면, 어떤 무늬로 만들고 싶은가요? 뜨개질 도안을 직접 그려 보세요. 단, 아래 규칙을 반드시 지켜야 해요.

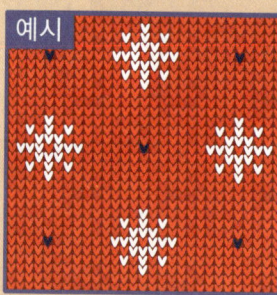

예시 / **규칙**

❶ 한 칸에는 반드시 무늬를 하나만 그린다.
❷ 무늬는 하트(♥), 별(★), 마름모(◆), 원(●) 중 하나만 선택한다.
(단, 무늬가 없는 칸이 있을 수도 있다.)
❸ 무늬의 색은 자유롭게 정한다.

탐구 2 손으로 미니 목도리 만들기

대바늘이나 코바늘로 하는 뜨개질이 너무 어렵다면, 바늘 없이 손만 있어도 할 수 있는 손 뜨개질 방법을 배워봐요!

1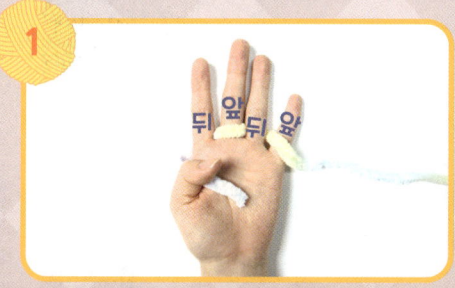
엄지로 실 끝을 잡고, 검지부터 새끼손가락까지 실을 앞뒤로 넘기며 감아요.

2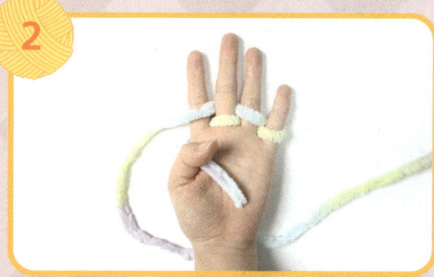
다시 약지–중지–검지 순으로 실을 앞뒤로 넘기며 감아요.

3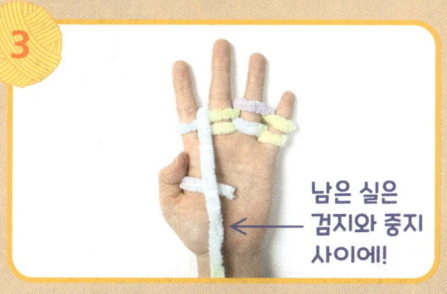
①~②를 반복해 엄지와 검지를 제외한 모든 손가락에 실이 2줄씩 걸려 있도록 해요.

남은 실은 검지와 중지 사이에!

4
새끼손가락부터 2줄의 실 중 아래쪽 실을 잡아서 손가락 뒤로 넘겨요.

5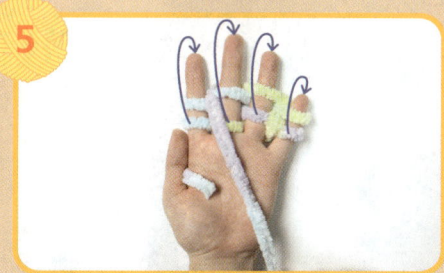
원하는 길이가 될 때까지 ①~④의 과정을 반복해요.

6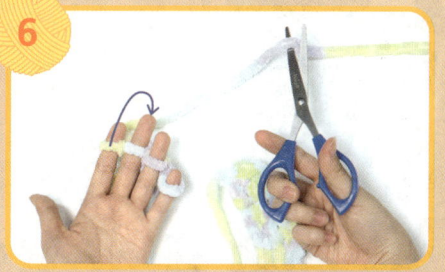
원하는 길이의 목도리가 되면 줄을 적당히 자르고 검지의 고리를 중지로 옮겨요.

7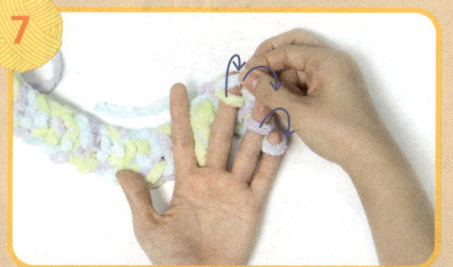
④와 같은 방법으로 아래쪽 실을 손가락 뒤로 넘겨요. 새끼손가락까지 ⑥~⑦을 반복해요.

8
남은 실 끝을 마지막 고리에 통과시켜 묶으면 완성! 묶고 남은 실은 사이사이에 끼워요.

완성!

도토리 슈파마 화장실 공사 중!

도토리 슈파마는 화장실 타일을 바꾸기로 했다. 새로 붙인 타일에는 원, 사각형, 삼각형, 별 무늬가 규칙적으로 그려져 있다. 타일의 규칙을 찾고, 빈칸(☐)을 알맞은 무늬로 채워라. (단, 빈칸 중 무늬가 없는 타일도 있다.)

무늬 규칙이 하나가 아닐 수도 있어. 무늬의 모양, 색깔, 개수에 따른 규칙이 뭔지 꼼꼼히 살펴봐야 한다고!

왼쪽에서 오른쪽으로 한 줄씩 이동할수록 타일에 어떻게 변하는지 찾아봐. 세로줄의 무늬 개수는 가장 왼쪽부터 한 개, 두 개, 세 개, 그리고 다시 두 개, 한 개로 변하고 있네.

말랑말랑 두뇌 퍼즐

두뇌의 다양한 영역을 개발하고 사고력을 키우는 데 퍼즐이 매우 유용해요. 논리력과 수리력, 공간지각력, 관찰력을 키우는 퍼즐을 통해 두뇌를 자극해 보세요!

글 최은솔 기자(eunsolcc@donga.com)
이미지 shutterstock
퍼즐 한국창의퍼즐협회
#온도계_스도쿠 #덧셈켄켄 #마슈 #평면도

논리 퍼즐

온도계 스도쿠

각 칸에 1부터 4까지 숫자 중 하나를 적어요. 가로줄과 세로줄, 굵은 선으로 구분한 방에 같은 숫자가 반복되지 않아요. 하늘색 온도계의 시작(동그란 부분)부터 끝으로 갈수록 수가 커져요. 반드시 1씩 커지지 않아도 돼요.

예시

예시 정답

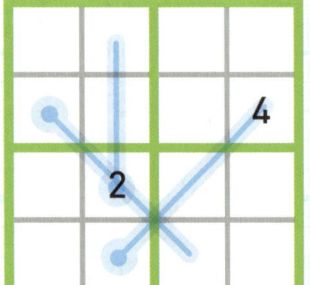

2	4	1	3
1	3	2	4
4	2	3	1
3	1	4	2

문제

 한국창의퍼즐협회
Korea Creative Puzzle Association

※한국창의퍼즐협회는 세계퍼즐연맹의 한국 운영기관으로, 퍼즐을 놀이이자 교육, 여가활동으로 널리 알리고자 설립한 단체입니다.

각 칸에 1부터 4까지 숫자 중 하나를 채워요. 가로줄과 세로줄, 굵은 선으로 구분한 방에 같은 숫자가 반복되지 않아요. 파란 점선으로 구분한 방의 숫자들을 모두 더하면 왼쪽 위에 적힌 파란색 숫자가 돼요.

예시

4		7	4
	5	3	
	4		
6			
	5	2	

예시 정답

4 1	2	7 3	4
3	5 4	3 1	2
6 2	1	4	3
4	5 3	2	1

문제

5	5	5	
		3	7
	6		
8 4			

7이 적힌 방에는 3과 4가 들어갈 수 있어!

마슈

흰색 원과 검은색 원을 모두 한 번씩 지나는 고리 모양의 선을 그려요.
가로선, 세로선, 또는 직각으로 꺾인 선을 그리고, 선이 서로 겹치면 안 돼요.
흰색 원은 직선으로 통과하는 대신, 앞이나 뒤에서 적어도 한 번은 꺾어야 해요.
검은색 원은 그 자리에서 선을 꺾는 대신, 앞이나 뒤 칸이 반드시 직선이어야 하지요.

예시

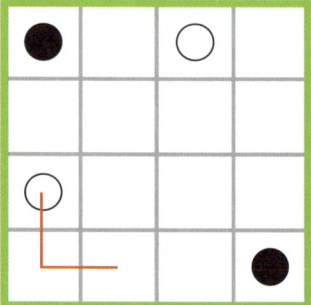

예시 정답

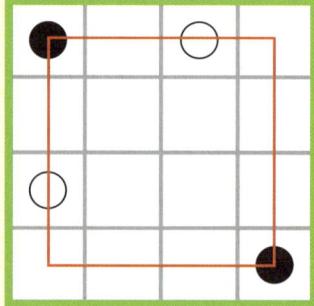

문제

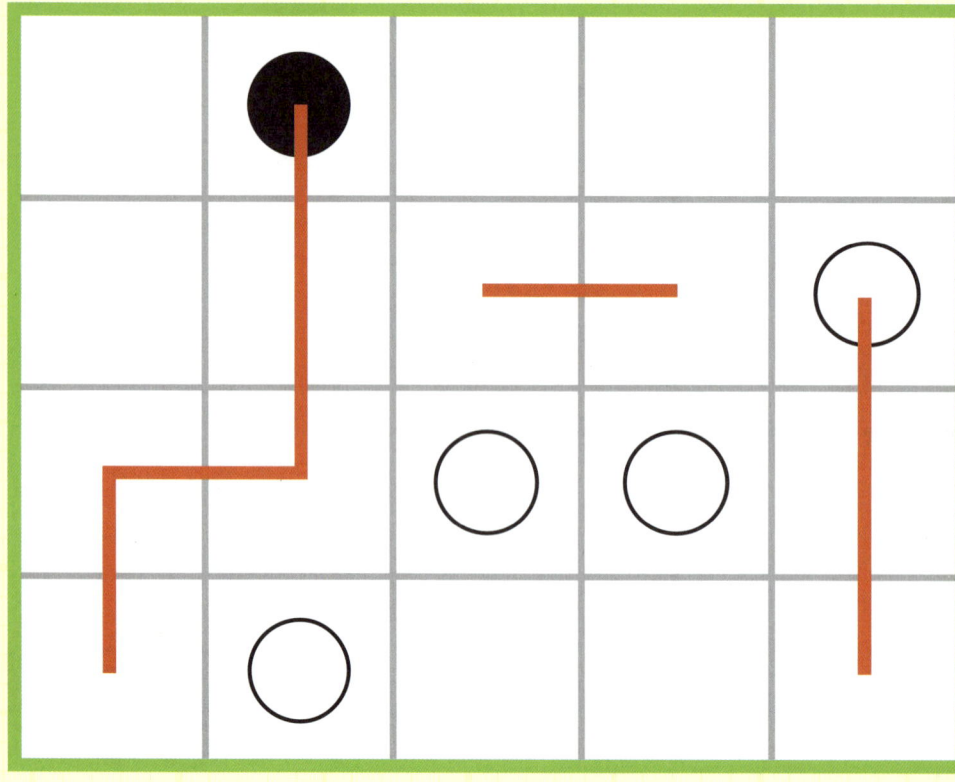

선이 모든 칸을 지날 필요는 없어!

평면도

<보기>의 정육면체를 만들 수 있는 전개도는 무엇인지 찾아보세요.

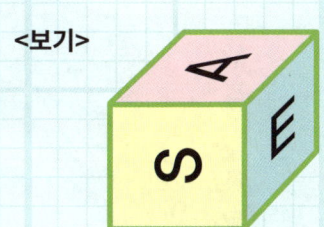

1.
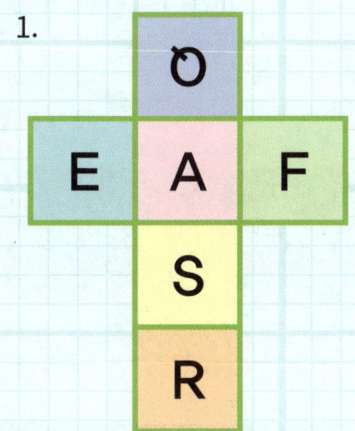

2.
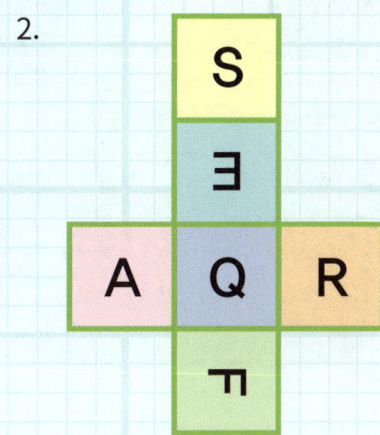

3.
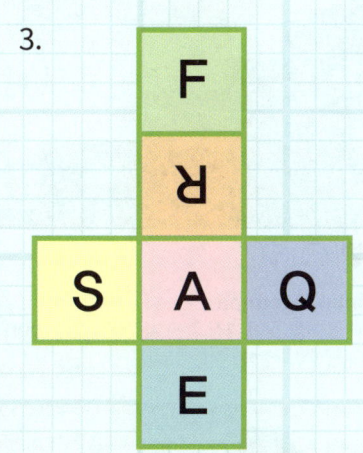

4.
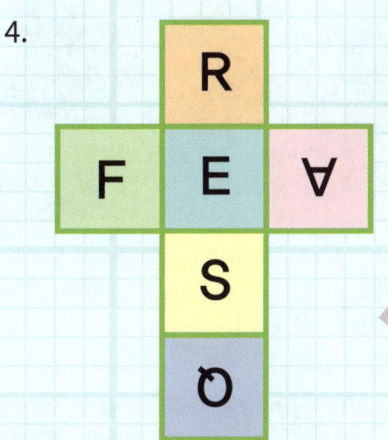

종이로 전개도를 만든 다음, 접어서 확인해 봐!

어수동네 놀이터

담당 이다은 기자
(dana@donga.com)

'플레이콘'에 놀러오세요!
놀이터-어린이수학동아 게시판에 나의 놀이북 활동을 자랑해요. 추첨을 통해 독자 여러분께 선물을 드립니다!
<어수동> 속 재미있는 퀴즈와 게임의 정답도 플레이콘에서 확인할 수 있어요.

오늘의 챔피언
이주아
(leejuah111222)

갯벌마을 운동회 완성!
수학 실력이 전보다 몇 배나 늘었어요. ^^

도전! 일상 속 수학을 찾아라!

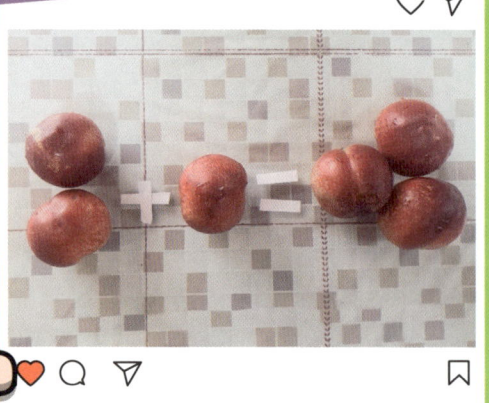

hello_jiin2
과일과 종이로 만든 덧셈식! 2+1=3
#해피매쓰데이 #일상속수학을찾아라 #덧셈

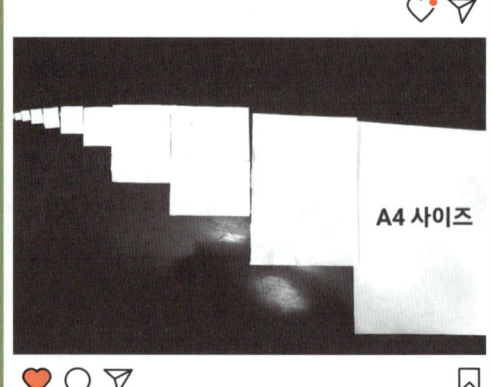

jimin83gemma
A4 종이를 찢어 가장 작은 사각형을 만들었어요.
#어린이수학동아 #해피매쓰데이

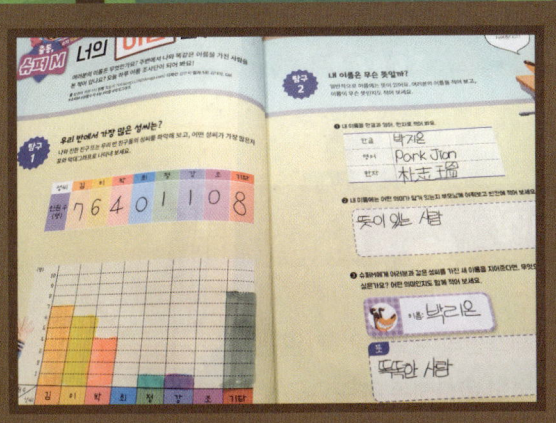

우리 반 친구들의 성씨는 기타 다음으로 김 씨, 이 씨, 박 씨가 많았어요! **박지온(jion4112)**

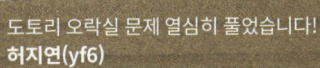

도토리 오락실 문제 열심히 풀었습니다!
허지연(yf6)

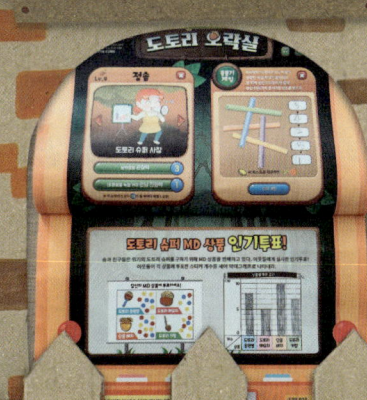

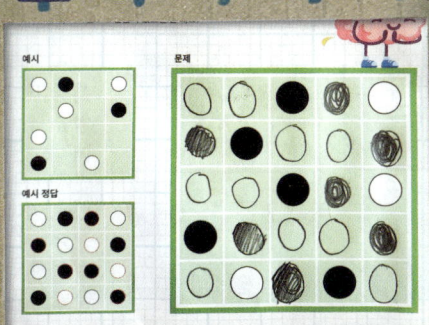

<어수동> 받자마자 완독 후 삼목퍼즐에 도전했어요! **박민희(pmhmini7)**

동시에 너무 많은 일을 해서 적이 다가오는 줄도 모르는 '과부하'의 모습이에요. **정준우(13jini)**

도전! M 체스 마스터

M 체스 세계에선 전투가 한창이에요. 체스는 암산 능력, 수치 해석 능력, 상황 판단 능력 등 전략적 사고력을 키우는 데 도움이 되지요. M 체스 세계의 전략 문제를 풀고, M 체스 마스터로 거듭나 봐요!

8×8 체스 경기장

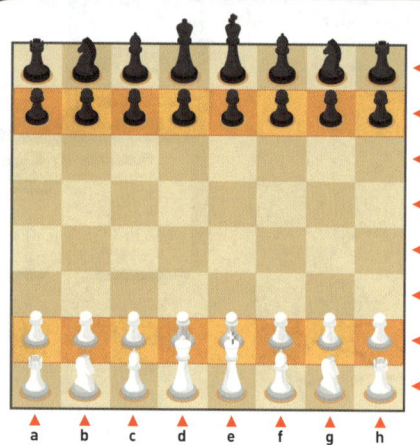

◁8 체스판의 세로줄인 '파일'은 왼쪽
◁7 부터 순서대로 a, b, c, d, …h로
◁6 읽고 가로줄인 '랭크'는 맨 아랫줄
◁5 부터 순서대로 1~8의 숫자를 붙
◁4 여요. 기물 위치는 파일의 알파벳
◁3 과 랭크의 숫자 조합으로 표시하
◁2 지요. 체스가 시작될 때 흰색 퀸은
◁1 d1에, 검은색 킹은 e8에 있지요.

처음에는 앞으로 1칸 또는 2칸 이동하고, 그 이후에는 앞으로 1칸씩만 이동함. 공격할 때는 대각선 앞에 놓인 상대편 기물만 공격할 수 있음.

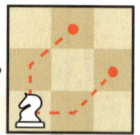
앞뒤나 양옆 중 한 방향으로 한 칸 움직인 다음, 그 방향의 대각선 왼쪽 또는 오른쪽으로 한 칸 더 움직임. 다른 기물을 뛰어넘을 수 있음.

대각선 방향으로 원하는 만큼 움직임.

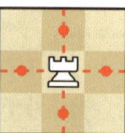
앞뒤와 양옆 직선 방향으로 원하는 만큼 움직임.

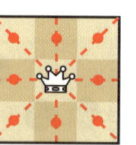
앞뒤, 양옆 직선 방향과 대각선 방향 어디로든 원하는 만큼 움직임.

체스판에서 끝까지 지켜야 하는 왕. 앞뒤, 양옆 직선 방향과 대각선 방향으로 한 칸씩만 움직일 수 있음. 킹이 공격받는 상황에서 더이상 피할 수 없게 되면 게임이 끝남.

폰 1점　　나이트 3점

비숍 3점　　룩 5점

퀸 9점　　킹 무한대

체스 기물의 가치 점수

룩과 비숍의 체크메이트!
모피 메이트, 필스버리 메이트

모피 메이트와 필스버리 메이트는 룩과 비숍이 힘을 합쳐 공격하는 대표적인 체크메이트 기술이에요. 각각 유명한 체스 선수인 폴 모피와 해리 넬슨 필스버리가 사용한 기술로, 선수들의 이름을 따서 만들어졌지요.

글 최송이 기자(song1114@donga.com) 콘텐츠 박인찬 유소년 체스 국가대표 디자인 김은지 일러스트 이민형
#체스 #기물 #체크메이트 #모피_메이트 #필스버리_메이트

박인찬 (서울 목동중 2학년)
유소년 체스 국가대표

2022년 전국 유소년 체스 선수권 대회 U14 부문(만 14세 이하 남자)에서 1위를 했어요. 2023년에는 전국 유소년 체스 선수권 대회에서 전체 1위로 우리나라의 유소년 국가대표로 선정됐어요.

룩과 비숍의 협동 공격!

아래 왼쪽 그림에서 검은색 킹은 움직일 수 없어요. 이때 흰색 룩이 b1으로 이동하면, g2의 흰색 비숍이 검은색 킹을 체크메이트 하게 되지요. 이처럼 룩이 상대 팀 킹을 가뒀을 때 비숍으로 체크메이트 하는 것을 '모피 메이트'라고 해요.

오른쪽 그림에서 흰색 비숍이 c6로 이동하면, 킹은 어디로도 움직이지 못하고 b1의 흰색 룩에 의해 체크메이트 돼요. 이처럼 비숍이 상대 팀 킹을 막을 때 룩으로 체크메이트 하는 것을 '필스버리 메이트'라고 해요.

모피 메이트 | 필스버리 메이트

도전! M 체스 마스터 전략 퀴즈

퀴즈 1 검은색 킹을 체크메이트 하려면 표시된 흰색 비숍을 어디로 이동해야 할까요?

내가 킹을 가둘 테니, 어서 적을 공격해!

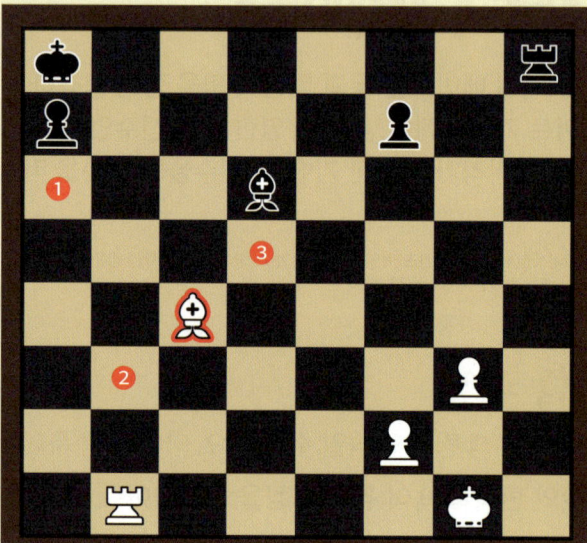

퀴즈 2 검은색 킹을 체크메이트 하려면 표시된 흰색 룩을 어디로 이동해야 할까요?

나의 지휘를 따르라!

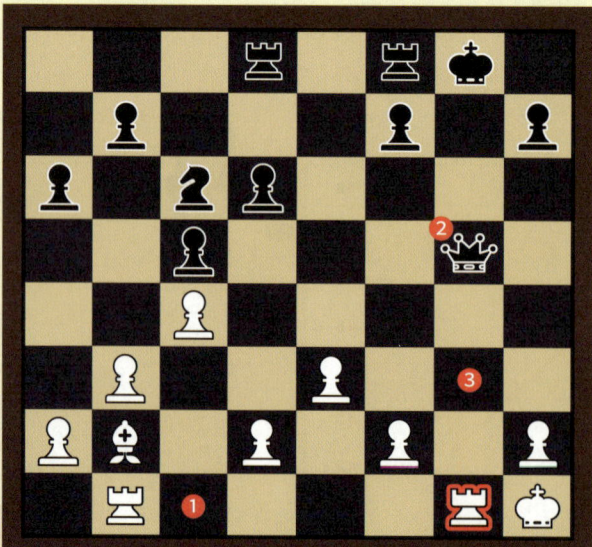

21~22쪽에서 나만의 마스터 카드를 완성해 봐!

모피 메이트, 필스버리 메이트 마스터 카드

M 체스 마스터가 되려면 노력과 인내의 시간을 거쳐야 하지. 모피 메이트와 필스버리 메이트를 배운 너희에게 M 체스 마스터 카드를 줄게. 앞으로도 체스 전략을 익히고 카드를 열심히 모으면 M 체스 마스터가 될 수 있을 거야. 오른쪽 카드에 있는 '레벨 업 퀴즈'를 풀면 M 체스 마스터에 한 발짝 더 다가갈 수 있어!

#체스 #체크메이트 #모피_메이트 #필스버리_메이트

킹을 가두는 룩

협동력 ★★★★
룩이 킹을 가둔 틈을 타 비숍이 공격해요.

검은색 킹을 체크메이트 하려면 표시된 흰색 룩을 어디로 이동해야 할까요?

지휘하는 비숍

지휘력 ★★★★
비숍의 지휘에 따라 기물들이 움직여요.

검은색 킹을 체크메이트 하려면 표시된 흰색 비숍을 어디로 이동해야 할까요?

가위를 사용할 땐 다치지 않게 조심하세요.

김사랑 국가대표가 알려주는 **체스 비법**

오른쪽 카드엔 항저우 아시안게임 체스 종목 최연소 국가대표인 김사랑 선수(양평동초 6학년)가 알려주는 체스 전략이 담겨있어. 왼쪽 카드에는 너희가 생각하는 '킹을 가두는 룩'과 '지휘하는 비숍'의 모습을 자유롭게 그리고 특징을 적어 줘. 나만의 M 체스 마스터 카드를 완성해서 '플레이콘'의 놀이터-어린이수학동아 게시판에 올리면 추첨을 통해 선물도 준대!

킹을 가두는 룩

특징:

킹을 가두는 룩

전략 1 흰색 팀의 차례예요. 흰색 룩이 b6를 잡으면, 검은색 킹은 g2의 흰색 비숍에게 체크(공격)를 당하게 돼요. 이때 검은색 팀은 체크를 당하고 있어서 a7의 폰으로 b6의 흰색 룩을 잡지 못해요. 또, 흰색 룩이 b파일을 지키고 있어서 검은색 킹을 b7이나 b8로 움직이지도 못하지요. 이런 체크메이트를 '모피 메이트'라고 해요.

지휘하는 비숍

특징:

지휘하는 비숍

전략 2 흰색 팀의 차례예요. 검은색 팀은 퀸이 있지만, 흰색 팀은 퀸이 없어서 흰색 팀이 불리해 보여요. 하지만 흰색 룩이 b3로 가서 검은색 킹을 체크하면, 검은색 킹은 g2의 흰색 비숍으로 인해 a8으로 피하지 못하고 체크메이트가 돼요. 이런 체크메이트를 '필스버리 메이트'라고 해요.

컵케이크 토핑

선을 따라 오리고, 놀이북 7쪽에 규칙대로 붙여
나만의 컵케이크를 완성해 보세요!

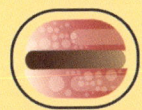   

가위를 사용할 땐 다치지 않게 조심하세요.

데칼코마니 나비 스퀴시

똥손 수학 체험실

나비 모양 도안을 오려 데칼코마니 나비 스퀴시를 만들어 봐요.

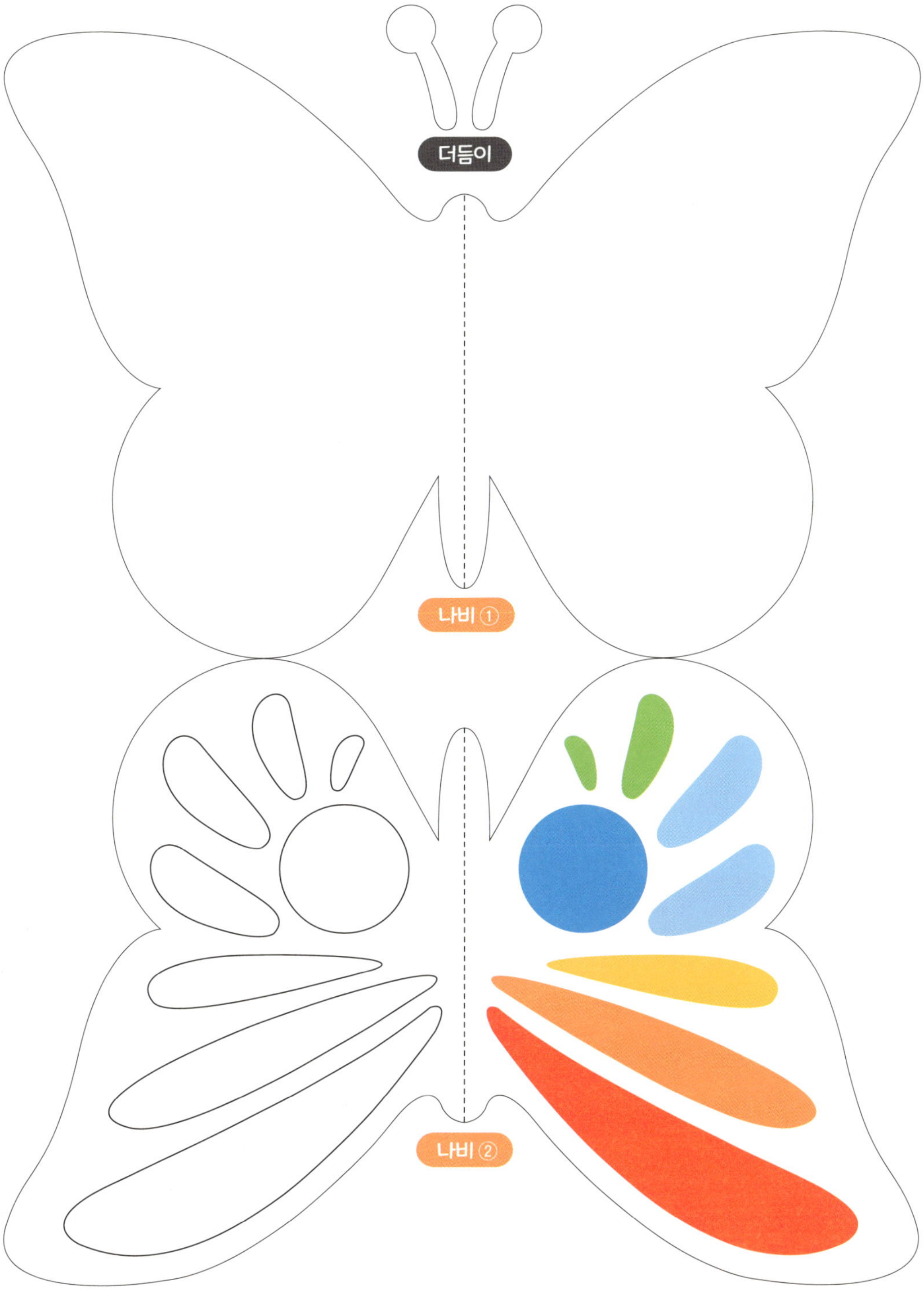

더듬이

나비 ①

나비 ②

가위를 사용할 땐 다치지 않게 조심하세요.

동아사이언스

KC 마크는 이 제품이 공통 안전기준에 적합함을 의미합니다.
책 모서리에 찍히지 않도록 주의하세요.

www.popcornplanet.co.kr

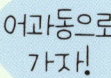

어린이 수학동아

2024년 1월 17일 초판 1쇄 발행

지은이 어린이수학동아 편집부
펴낸이 장경애
본부장 고선아

편집 최은혜, 최송이, 조현영, 최은솔, 이다은
디자인 정해인, 김은지
마케팅 이성우, 홍은선, 전창현, 이고은

일러스트 동아사이언스, 수오, 밤곰, 최현주, 남냠OK, 김태형, 소노수정, 허경미, 이민형
만화 소노수정, 이은섭, 주로, 최수경, 하성호, 홍승우
사진 게티이미지뱅크(GIB), 위키미디어(W)
인쇄 북토리

펴낸곳 동아사이언스
출판등록 제2013-000081호
주소 (04370) 서울특별시 용산구 청파로 109 7층
전화 (02)6749-2002
홈페이지 www.dongascience.com
　　　　　www.popcornplanet.co.kr

이 책에 실린 글의 저작권은 어린이수학동아 및 저자에게 있습니다.
무단전재와 무단복제를 금합니다.

ⓒ동아사이언스